AF362429

LES
COVSTVMES
DV BAILLIAGE
ET COMTE'
DE DREVX.

Auec les Notes de M. Ch. Dv Movlin: Et
Annotations du Sieur Dv Lorens, Prefident
Bailly-Viconte de Chafteau-neuf.

A CHARTRES,

De l'Imprimerie de Michel Georges, Marchand
Libraire, prés la tour du Roy.

M. VC. XLV.

AVEC PRIVILEGE DV ROY.

TABLE DES TILTRES
OV CHAPITRES DE·LA
Couſtume de Dreux.

Fin de la table des Chapitres.

A MONSIEVR
DV BOVLLAY,
Maiſtre des Requeſtes, Conſeiller du Roy en ſes Conſeils d'Eſtat & priué.

MONSIEVR,

IE vous ſuplie d'auoir agreable que i'offre à vôtre courtoiſie, qui m'a obligé ſans ſuiet, & dont les effects ont préuenu mes ſeruices, les Gloſes que i'ay faites ſur la Couſtume de Dreux, dont vous eſtes voiſin, à cauſe de vôtre terre du Boullay. Si i'euſſe peu par vn témoignage plus ſpecieux reconnoiſtre ce que ie vous doi, ie n'euſſe pas manqué de le faire. Chacun exprime ſa gratitude à ſa mode. Que pourriez-vous eſperer d'vn homme de lettres que des mots & du papier. Ie ne ſçaurois, MONSIEVR, vous faire voir ce que ie vous suis, si vous ne m'en donnez l'occasion & le moyen tout ensemble ; mais il ne faut faire de longues Epitres, ny de longues requestes à vn Intendant embarassé d'affaires ; c'est pourquoy ie finis par celle-cy, que vous me faciez l'honneur de croire, que ie suis parfaitement.

MONSIEVR,

Voftre tres-humble & tres-obeïffant
feruiteur, DV LORENS.

CE SONT

LES VSAGES ET

COVSTVMES DONT ON A

accouſtumé vſer en l'Auditoire & Bailliage du Comté de Dreux, de tous temps & d'ancienneté.

Dv Comte' de Drevx] Il faut noter que quelquesfois la Ville ſe prend pour le pays & territoire qui luy eſt ſujet; & au contraire, le pays & territoire ſe prennent pour la Ville, comme en ce lieu de Virgille, Æneid. 3.

Et omnis humo fumat Neptunia Troya.

Ca la Troya eſt le nom du pays, & non pas de la Ville de Troye. Dreux vient des Druydes Philoſophes François, qui faiſoient leur demeure en ce quartier là, aſſçauoir les Cheualiers au Chaſteau de Dreux, & les Preſtres à Fermaincourt, où l'on void encor les veſtiges d'vn Chaſteauneuf, dont les ruïnes ont eſté données, à ce que j'ay entendu, pour baſtir vn Temple, & que pourtant il eſtoit bon de conſeruer, pour l'honneur du pays.

Et d'anciennete'] Qui different en pluſieurs choſes de celles de Chartres, quoy qu'écrites en meſme cayer. C. M. Les Couſtumes de Chartres ont vn procés verbal, celles-cy n'en ont point, & ſe doiuent pluſtoſt nommer vſages que Couſtumes, d'autant plus à reuerer qu'elles ſe maintiennent par la ſeule autorité du temps; *& cùm hoc iure tàm diu ciuitas vſa ſit, iam approbatum eſt. Quintil. Decl. 132.*

CHAP. I.

ET PREMIEREMENT, DES FIEFS,
& de leur nature, & des droicts & préro-
gatiues d'ainesse.

Des Fiefs] La plus-part des Coustumes de ce Royaume commencent par les fiefs, comme la matiere la plus noble.

ARTICLE I.

TOVS vassaux sont tenus faire des fiefs qu'ils tiennent à leur seigneur feodal, foy, hommage & serment de fidelité.

Tovs vassavx] *Idem* **Chasteau-neuf, art. 1. Chartres, art. 1. general.**

ARTICLE II.

LE frere aisné peut retenir & porter la foy des fiefs venus de pere ou de mere, ayeul ou ayeule, ou autrement en ligne directe, du consentement de ses freres & sœurs. Et en ce faisant, les sauue & garde du profit de rachat; & tiendront sesdits freres & sœurs leurs portions de luy, si bon leur semble.

Si bon levr semble] Particulier icy; car Chasteau-neuf & Chartres, art. 2. disent, absolument ; & tiendront sesdits freres & sœurs leurs portions de luy sa vie durant seulement; mais il faut interpreter si bon leur semble, c'est à dire, que s'ils n'auoient consenty que leur frere aisné eût porté la foy pour eux, ce qu'ils peuuent, ils ne tiendroient pas leurs portions

de luy ſi bon ne leur ſembloit; *ſecus* s'ils l'auoient conſenty, car
l'vn ſe rapporte a l'autre.

Chaſteau-neuf adiouſte, ſans toutesfois payer aucun rachat
par leſdits freres & ſœurs audit frere aiſné, ny audit Seigneur
feodal ladite vie durant dudit frere aiſné.

Cét article eſt tout deſfectueux, & s'y doit ſuppléer ce que
Chaſteau-neuf dit encor, art. 2. du fils aiſné, qui ſauue de rachat
ſes ſœurs qui ſe marient durant ſa vie, lors qu'il porte la foy pour
elles; *Nam deficiente vel dubià conſuetudine recurrendum ad vicinus.*
Mol. ad Pariſ. Rubr. des Fiefs, n. 107. principalement où la raiſon du
ſupplément eſt éuidente, *ex materia ſubiecta, vt hìc. ſed vſu*
viderit.

ARTICLE III.

L E fils aiſné, entre pluſieurs enfans, pour ſa part &
portion de pere ou de mere, doit auoir pour ſon
droict d'aiſneſſe le principal manoir, & arpent & demy
de terre à l'enuiron d'iceluy, s'ils y ſont, ou le vol d'vn
chappon, auec la moitié de tous les fiefs, & l'autre moitié appartient aux autres enfans. Et s'il auient qu'ils ne
ſoient que deux, & il y a vn fils, tel fils doit auoir les deux
tierces parties auec ledit principal manoir, & le puiſné
le tiers ſeulement; & n'y a qu'vn droict d'aiſneſſe, quant
au principal manoir.

ET ARPENT ET DEMY DE TERRE] Paris, art 13.
adiouſte, de l'enclos ou jardain. Rat ſur la Couſtume de Tours
cite vn Arreſt qui dit, que le jardin ou verger ſont du principal
manoir; encor qu'ils ſoient ſeparés, & hors l'enclos de la maiſon, & qu'il y ayt vn grand chemin entre-deux. Brodeau en ſes
nouueaux Arreſts. La raiſon de douter eſtoit, que le jardin eſt
ordinairement proche de la maiſon. *Plaut. Mercat. Sc. Iam redeo.*

Illàc per hortum nos domum tranſibimus.

ET N'Y A QV'VN DROICT D'AISNESSE, QVANT AV

P R I N C I P A L   M A N O I R] C'eſt à dire, que s'il l'a pris en la ſucceſſion du pere commun, il ne doit pas de rechef en prendre vn
autre en la ſucceſſion de la mere commune, *& è contrà. Secùs* ſi
le pere ou la mere, en la ſucceſſion duquel il l'a pris, n'eſtoit pas
commun, mais d'vn autre mariage. C. du Moulin en ſa note qu'il
a tirée du propre texte de la Couſtume de Chaſteau-neuf, art. ſ.
explicatif de tout cecy, & qu'il faut voir.

Secùs en la Couſtume de Chartres, où l'exception du principal
manoir n'eſt point, & ſe prend és deux ſucceſſions; de meſme en
celle du Grand Perche, art. 142.

Quid ſi en toute la ſucceſſion il n'y auoit qu'vn arpent, ou arpent & demy de terre, l'aiſné le prendroit-il entier, ſans que
les puiſnés y puſſent rien prétendre pour leur legitime? Voyés
l'article 17. de Paris pour l'affirmatiue, & l'Arreſt rapporté par
M. Loüet lett. F. n. 1. pour la negatiue, où Brodeau veut prouuer par quelques Auteurs, que les aiſnés ſont appellés les co-
lomnes des maiſons; oüy bien les enfans maſles en general.

A R T I C L E   I V.

E Ntre filles qui ſont en pareil degré de ſucceſſion,
n'y a aucun droiĉt ou prérogatiue d'aiſneſſe, & ne
doit l'aiſnée, ſoit en heritage tenu en fief ou cenſif, auoir
ne prendre plus que ſes puiſnées : ainçois doiuent également partir.

E N T R E   F I L L E S] *Idem* Chaſteau-neuf, art 6. Chartres,
art. 6.

Les trois Couſtumes ont quaſi vn meſme eſprit par tout, &
s'entre-ſuiuent, excepté celle de Chartres, en ce qui regarde le
Perche-Goüet.

La raiſon de la Couſtume eſt, que les filles ſortent de la famille par mariage; qu'elles ne vont point à la guerre, & que le droiĉt
d'aiſneſſe touche l'vn & l'autre. Voyés ſur Chaſteau-neuf & ſur
Chartres.

Vient à propos que Hortalus ayant fait requeſte en plein Se-
nat en la preſence de Tybere, à ce qu'on luy deliuraſt quelques

deniers, attendu qu'il eſtoit incommodé pour ſoûtenir ſa No-
bleſſe, tant pour luy que pour ſes enfans ; Il fut dit par Arreſt,
qu'on déliureroit du treſor public à ſes enfans, *ducena ſeſtertia
ſingulis qui virilis ſexus eſſent,* des filles on n'en parla point. *Tacit.
lib. 2. Annal.*

ARTICLE V.

ES heritages tenus en cenſif n'y a aucun aduantage
ou prérogatiue d'aiſneſſe, mais y ſuccedent les freres & ſœurs égallement, & par teſte.

ES HERITAGES] *Idem* Chaſteau-neuf, art. 7. Chartres,
article 7.

Chaſteau neuf, adiouſte, auſſi font-il aux meubles, & ce, tant
entre nobles que roturiers. Contre Grand Perche, art. 144.

CHAP. II.

DES OFFRES QVE LE VASSAL
qui doit profit eſt tenu faire à ſon Seigneur feodal.

ARTICLE VI.

LE vaſſal qui veut entrer en foy, & qui doit profit à
ſon ſeigneur feodal, eſt tenu de luy faire trois
offres, l'vne, d'vne ſomme d'argent telle qu'il aduiſera;
l'autre, de l'eſtimation & arbitrage du dict de preud'-
hommes; la tierce, du reuenu de l'année du fief, auec le
marc d'argent éualüé ſelon la qualité du fief.

LE VASSAL] *Idem* Chaſteau-neuf, art. 8. Chartres, art. 8.
Voyés là nos annotations.

ARTICLE VII.

L'Année, auec le marc d'argent éualüé, s'entend que
si le fief est entier vallant trente liures tournois de
reuenu par an, & que si le seigneur feodal accepte pour
l'vne des offres l'année auec le marc d'argent éualüé, il
aura & prendra en ce cas l'année du fief auec ledit marc
d'argent entier. Et si ledit fief n'est entier, & qu'il vaille
moins desdites trente liures tournois par an, il
payera ledit marc d'argent au suremplage, c'est à sçauoir, prorata du reuenu dudit fief.

L'ANNE'E, AVEC LE MARC D'ARGENT E'VALVE'
S'ENTEND] *Idem* Chasteau-neuf, art. 9. Chartres, art. 10.

Ces trois Coustumes disent bien, que lors que le fief vaut
trente liures de reuenu par an, le Seigneur prend le marc d'argent entier, ainsi que le fief est entier ; mais celle-cy, ny celle
de Chartres, n'ont point estimé le marc d'argent ; Si a bien celle de Chasteau-neuf, qui dit, art. 10. le marc d'argent éualüé
vaut & est estimé à six liures tournois, & si le fief n'est entier, il
se payera au suremplage de ladite estimation & reuenu dudit
fief, comme dessus.

ARTICLE VIII.

LES preud'hommes & arbitres ont accoustumé
estimer en matiere de taxation de rachat des heritages tenus en fief. Vne maison ou manoir, soixâte sols.
La Iustice, soixante sols. Coulombier à pied, soixante
sols. La garenne, soixante sols. Les four & moulin ban-
nier, chacun soixante sols. L'arpent de pré, dix sols.
L'arpent de vigne, dix sols ; & si tel vassal à seaux au-
thentiques, soixante sols, & pour droict de peage, soi-

xâte ſols. Tous vaſſaux entiers & à plain cheual de ſeruice, chacun ſoixante ſols. Chacun muyd de terre vallant
douze arpens, ſoixante ſols; qui eſt pour chacun arpent
cinq ſols. L'arpent de bois de haute fuſtaye, dix ſols.
L'arpent d'autre bois, cinq ſols. L'arpent de nouë, cinq
ſols, ſi elle n'eſt d'auſſi bonne valeur que pré ; car elle
s'eſtimeroit autant que ledit pré. L'arpent d'eauë en bon
étang fermé de bonde, vingt ſols. La bonde, ſoixante
ſols, ſi l'étang contient vingt arpens d'eauë, ou plus ; &
s'il ne les contient, la bonde n'eſt point eſtimée en rachat. Et eſt à entendre & ſçauoir, qu'en ladite Comté
de Dreux tous les deniers & ſommes ſont à pariſis, tant
en bail qu'en recepte, & telle eſt la Couſtume de tout
temps & d'ancienneté.

LES PREVD'HOMMES] Voyés ſur Chaſteau-neuf, art. 12,
& ſur Chartres, art. 11. ſemblables.

A PARISIS] C'eſt à dire, que vingt ſols en valent vingt-
cinq.

ET TELLE EST LA COVSTVME DE TOVT TEMPS
ET D'ANCIENNETE'] Or eſt-il, que c'eſt le temps qui fait la
Couſtume, & l'autoriſe, quel ; *V. Iac. Menoch. lib. 1. de arbitr.
iudic. caſ. 81.* La Couſtume vſe des meſmes mots en ſon intitu-
lation.

ARTICLE IX.

LE cens ſe tierce, & la rente infeodée ſe rachete ſim-
plemét. C'eſt aſſçauoir, de vingt ſols de cens, trente ſols. De vingt ſols de rente, vingt ſols. Et ſi les choſes & heritages deſſuſdites n'eſtoient en bonne valeur
& nature, la diminution cherroit & chet au dict & arbitrage deſdits preud'hommes.

LE CENS SE TIERCE] *Idem* Chafteau-neuf, art. 12.
Chartres, art. 12. dit, fe double.

LA DIMINVTION CHERROIT ET CHET] La fin de
cét article eft auffi obfcure que detfectueufe en cette Couftume,
& en celle de Chartre s.

Chafteau-neuf, art. 13. explique, lefquels côfidereront les cau-
fes de ladite diminution ; fi par hoftilité, ou par la faute du vaffal, ou pourquoy & comment. Il eft vray que tant s'en faut, que
la pofterité puiffe dire du fiecle où nous fommes,

Improbitas illo fuit admirabilis æuo.

Que la probité & preud'hommie y eft auffi rare que les preud'-
hommes. Auffi ne choifit-on plus en matiere d'offres de rachat
ce dire de preud'hommes ; mais le reuenu de l'année, qué les
Officiers du Seigneur taxent raifonnablement ou non, felon
qu'ils craignent, ou ne craignêt pas qu'il les deftitue, en cas qu'il
ne trouue fon compte en ce qu'ils feront ; car les Seigneurs feodaux, pour la plus-part, font étrangement attachés à l'vtile.

ARTICLE X.

LE Seigneur feodal a le choix defdites trois offres, à
prendre celle qu'il luy plaira, dedans quarante
iours aprés icelles offres faict.s; durant lefquels quarante iours ledit feigneur ne doit exploicter fondit fief ; &
s'il l'exploicte, il eft reputé payé dudit rachat. Et outre,
eft tenu ledit vaffal à la fin defdits quarante iours, reïte-
rer lefdites offres à fondit feigneur feodal, s'il n'a exploi-
cté fondit fief, ou que compofition du rachat n'ayt efté
faite.

LEDIT SEIGNEVR FEODAL A LE CHOIX] *Idem*
Chafteau-neuf, art. 15. Chartres, art. 13.

IL EST REPVTE' PAYE' DVDIT RACHAT] Par fes
mains, c'eft à dire, auoir choifi le reuenu de ladite année. C. M.

A LA FIN DESDITS QVARANTE IOVRS] Et iceux
paffés, dit Chafteau-neuf, *dict. art.* 15.

REITERER

Reiterer lesdites offres] Afin que le feigneur
foit priué du chois ; mais fi le vaffal obmet à réïterer, il ne perd
les fruicts, & ne tombent en commis, par-ce que cela n'eft ny
jufte ny écrit ; *præfertim* fi le vaffal eft mineur ; combien que celuy qui opinoit au contraire pour Monfieur de Neuers, qui lors
eftoit Seigneur de ce Comté, ne foit pas encor decedé. C. M.

Article XI.

LE vaffal eft tenu faire la foy & hommage, & lefdites trois offres au lieu & feigneurie dont dépend le
fief qu'il tient: tellement que s'il les fait ailleurs, le feigneur feodal n'eft tenu de le receuoir, fi bon ne luy femble, & ne font telles offres valables. Et ne pourra ledit
feigneur faifir le fief, qu'il ne foit les quarante iours
aprés le trépas de fon vaffal, pourueu que tel fief foit venu par fucceffion. Et fi le feigneur eft abfent de fon manoir & lieu feigneurial, le vaffal fera tenu le fignifier à
fon Procureur ou fermier, s'il eft demeurant dedans la
lieuë.

Le vassal est tenv] *Idem* Chafteau-neuf, art. 16.
Chartres, art. 14.

Faire la foy et hommage] La Couftume ne dit
pas en perfonne, mais il le faut fuppléer des deux autres voifines
Chafteau-neuf & Chartres, *dict. art.* 16. *& 14. & ex natura actus.*
Voyés là nos annotations. Mon deffein fur cette Couftume eft
feulement,

    Scribendi rectè, nam vt multum nihil moror,

C'eft à dire, d'vfer le moins qu'il me fera poffible de repetitions.
Plus on eft court, moins on fait de fautes.

Av liev et Seigneverie dont de'pend] Dau-
tant que ces droicts feodaux font plus reels que perfonnels. *Vbi
feudum ibi vaffallus.* Ce qui a fait dire que le Seigneur ne pouuoit
aliener fon vaffal & le tranfporter, fans aliener le fief dont il re-

leue, ſuiuant la note de du Moulin ſur le 101. article de la Marche   Voyés M. Loüet lett. V. n 10.

POVRVEV QVE TEL FIEF SOIT VENV PAR SVCCESSION] La Couſtume veut dire qu'és autres cas de mutation le Seigneur n'eſt pas tenu d attendre les 40. iours pour ſaiſir, ce qui eſt particulier, & remarquable icy.

DEDANS LA LIEVE] Chaſteau-neuf & Chartres diſent, trois lieues.

❧❧❧❧❧❧❧❧❧❧❧❧❧❧❧❧❧❧❧❧

CHAP. III.

DV CHEVAL DE SERVICE.

ARTICLE XII.

LE cheual de ſeruice ſe peut bien leuer par le ſeigneur feodal, quand le fief eſt entier, de reuenu & valeur de trente liures. Et eſt reputé iceluy fief entier, (quant au regard dudit cheual de ſeruice) s'il vaut trente liures de reuenu, & s'il vaut moins, il peut leuer à portion & prorata, & vaut ledit cheual entier ſoixante ſols.

LE CHEVAL DE SERVICE] *Idem* Chaſteau-neuf, art. 20. Chartres. art. 15.

Chaſteau-neuf adiouſte, & ſe peut leuer vne fois ſeulement en la vie du vaſſal, & ſur le vaſſal qui doit rachat & profit de fief; & ſera demandé par le Seigneur feodal par ſimple action, & non par voye de ſaiſine. Chartres dit auſſi, qui ſe demãde par action. Ce qui ſe doit ſuppléer icy par raiſon feodale   De l'origine de ce droict ; Voyés ſur leſdites Couſtumes de Chaſteau-neuf, & Chartres.

Facit dictum Matthæi de Afflict. ſuper conſtitut. Neapol. in cap. conſuetudinem, ſub Tit. de præſcr. quòd feudum eſt obligatum ad ſeruitium militare.

CHAP. IV.

QVAND LE FIEF CHET EN
profit de rachat.

ARTICLE XIII.

LE vassal du fief, qui est venu de pere ou de mere, ayeul ou ayeule par succession de ligne directe, en ascendant ou descendant, ne doit point de profit de rachat; mais est tenu ledit seigneur de le receuoir sans profit de rachat. Toutesfois si le fief est abonné, on se doit régler selon l'abonnage. Et si la nature du fief abonné est, que le fils doiue rachat aprés le trépas de pere, ou de mere, ayeul, ou ayeule, il doit payer selon l'abonnage.

LE VASSAL] *Idem* Chasteau-neuf, art. 21. Chartres, art. 16. Voyés là nos annotations.

ON SE DOIT REGLER SVIVANT L'ABONNAGE] *Lex dicta contractui.* L'abonnage n'empesche point la saisie feodale faute d'homme, ny la perte des fruicts.

ARTICLE XIV.

LE vassal est tenu faire à son seigneur feodal, foy, hommage & serment de fidelité, & luy payer profit de rachat des fiefs qu'il a acquis, & qui luy sont venus & écheus en ligne collaterale,

LE VASSAL] *Idem* Chasteau-neuf, art. 22. Chartres, art. 19. Voyés là nos annotations.

QV'IL A ACQVIS] Mais dans combien de temps aprés l'acquisition? *dic statim,* au moins dans dix iours, qui est vn modique interualle, *ex articulo* 11. *sup. ibi* pourueu ; car il faut si l'on peut interpreter vne Couſtume par elle-meſme; ſon eſprit & ſon intention s'eſtend depuis ſon commencement juſques à la fin.

ARTICLE XV.

SI aucun baille à rente ſon heritage tenu en fief, & qu'elle ſoit à récouſſe, celuy qui la récouſt eſt reputé acheteur, & doit faire ſes deuoirs de fief, & payer rachat comme s'il auoit acheté ledit fief. Et incontinent que ledit fief eſt baillé à rente à récouſſe, il en eſt deu rachat au ſeigneur feodal.

EST REPVTE' ACHETEVR] Chaſteau-neuf, art. 23. dit, comme s'il auoit acheté. Voyés là nos annotations, & ſur Chartres, art. 20. Ne fit-il jamais la récouſſe. C. M. par ce qu'il la peut faire quand il luy plaiſt.

ARTICLE XVI.

EN ſucceſſion de ligne collaterale, où il y a heritages tenus en fief, eſt deu rachat ou profit de rachat au ſeigneur feodal.

EN SVCCESSION] *Idem* Chaſteau-neuf, art. 24. Chartres, art. 23. Voyés-là nos annotations.

EST DEV RACHAT] *Secùs* en ligne directe, art. 13. *ſup.* Ce qui nous vient en ligne collaterale eſt vn haſard, *lucrum inſperatum*, la ſucceſſion d'vn oncle, ou d'vn couſin, eſt d'autant plus douce qu'elle eſt moins deuë.

ARTICLE XVII.

SI vne fille ſe marie, par le mariage, le mary doit profit de rachat du fief de ſadite femme. Et auſſi ſi le fief luy échet durant ledit mariage, & de chacune mutation de mary ſemblablement.

Sɪ ᴠɴᴇ ꜰɪʟʟᴇ ꜱᴇ ᴍᴀʀɪᴇ] *Idem* Chasteau-neuf, art. 25,
Chartres, art. 24.

Lᴇ ᴍᴀʀʏ ᴅᴏɪᴛ ᴘʀᴏꜰɪᴛ ᴅᴇ ʀᴀᴄʜᴀᴛ] Pourueu toutesfois que
son frere aisné ne portast la foy pour elle en successiõ directe; car
en ce cas il la garantit de rachat sa vie durant, dit Chasteau-neuf
dict. art. 25. & soit qu'elle se marie durant la vie de sondit frere
aisné vne fois ou plusieurs, art. 3. de la mesme, explicatiue tant
de celle-cy que de celle de Chartres, obscures en beaucoup d'articles, à cause de leur brieueté; ce qu'il faut sçauoir : & c'est pourquoy je les ay mises en mesme volume.

Qu'il y ait vraye mutation ou non au cas de cét article, il est
écrit. Voyés sur Chasteau-neuf, & sur Chartres.

ARTICLE XVIII.

LA femme mariée par le decés de son mary, qui durant le mariage a racheté l'heritage de sa femme,
tant qu'elle sera veufue ne doit point de rachat, ne aussi
de la moitié des heritages acquis qui luy appartiennent,
& qui ont esté acquis durant le mariage, & dont le mary auoit fait les deuoirs: mais si elle se remarie, elle deura
rachat.

Lᴀ ꜰᴇᴍᴍᴇ ᴍᴀʀɪᴇ́ᴇ] *Idem* Chasteau-neuf, art. 26. Chartres, art. 25. Voyés là.

ARTICLE XIX.

LES enfans ou hoirs en droicte ligne par diuis &
partages d'heritages tenus en fief, ne doiuent
point de rachat. Et si ils font de rechef partages d'iceux
mesmes heritages, sans retour, ou d'autres heritages qui
soient de la succession de pere, ou de mere, ayeul, ou
ayeule, ou d'autres en droicte ligne, ne doiuent point
semblablement de rachat au seigneur feodal, qui est tenu les receuoir à foy & hommage desdits heritages.

Les enfans ov hoirs] *Idem* Chasteau-neuf, article. 27.
Chartres, art. 26.

Ov d'avtres en droicte ligne] Ou collaterale,
ex Castronouana & Carnotensi, dict. art. 27. & 26. La necessité de
l'acte qui a lieu en l'vne & l'autre ligne est la raison de la Coustume. Voyés sur Chasteau-neuf, & sur Chartres.

✾✾✾✾✾✾✾✾✾✾✾✾✾✾✾✾✾✾✾✾✾

CHAP. V.

QVAND LE SEIGNEVR FEODAL
peut mettre le fief en sa main, & en
faire les fruicts siens.

ARTICLE XX.

SI le vassal quitte la foy de l'heritage qu'il tient, le
seigneur feodal peut mettre en sa main iceluy heritage par deffaut d'homme, & empescher iusques à ce
qu'il en ayt eu profit de celuy à qui la quittance en aura
esté faite, & qu'il en ayt fait & payé ses deuoirs, le seigneur feodal cependant faict les fruicts siens.

Si le vassal qvitte la foy] *Idem* Chasteau-neuf,
art. 28. Chartres, art. 28.

Par deffavt d'homme] *Id est* vassal; car c'est la foy
qui fait le vassal. Voyés sur Chasteau-neuf, & sur Chartres.

ARTICLE XXI.

VN seigneur feodal peut prendre & faire les
fruicts siens, par deffaut d'homme aprés les
quarante iours, d'vn fief tenu de luy, qu'il auroit mis en
sa main, & en joüir comme vn bon pere de famille doit

faire de fa chofe, jufques à ce qu'il ayt homme qui ayt fait fes deuoirs dudit fief.

Vn seignevr feodal] *Idem* Chafteau-neuf, art. 28. Chartres, art. 28.

Mis en sa main] Comme propre, & retourné à fon domaine ; & fe dit proprement en ce cas *manus iniectio. Vide Seruium ad illud 3. Æneid.*

Iniecêre manum Parcæ.

Et ne fait point eftablir de Commiffaire à cette faifie faute d'homme s'il ne veut. C'eft ce que dit Lodunois, ch. 1 art. 18. Et peut leuer, ou faire leuer à fon profit le reuenu d'icelles chofes par fa main, ainfi que bon luy femble. Voyés fur Chafteauneuf, & fur Chartres.

Article XXII.

LE feigneur feodal fait les fruicts fiens d'vn heritage qui eft tenu de luy par deffaut d'homme, fuppofé qu'il defcende & vienne de fils à fils de fucceffion de pere, ou de mere, ou autrement en ligne directe, & qu'il ne doiue aucun rachat, pourueu qu'il l'ayt fait empefcher. Et fuffit au vaffal, qui ne doit que la foy & hommage, de faire fes offres à fon feigneur vne fois feulement.

Le seignevr feodal] *Idem* Chafteau-neuf, art. 31. Chartres, art. 31.

Svppose' qv'il descende et vienne de fils a fils] Non à caufe de la fucceffion, mais pour la contumace & mépris du vaffal.

Povrvev qv'il l'ait fait empescher] *Id eft,* faifir. Voy *faifire* en l'Epiftre 138. & 150. d'*Iuo.* Contre Eftampes, art. 7. qui dit, que les quarante iours paffez les fruicts tombent en perte au vaffal, encor que le feigneur n'ait fait faifie ny fommation.

DE FAIRE SES OFFRES A SON SEIGNEVR VNE FOIS SEVLEMENT] Car le vaſſal n'eſt tenu réïterer ſes offres qu'au cas qu'il eſt deu rachat.

ARTICLE XXIII.

VN ſeigneur feodal par deffaut d'homme, & deuoirs de fief non faits & payés, peut aſſeoir ſur les heritages tenus en fief de luy ſa main, les brandonner, & empeſcher, & y faire mettre & appoſer la main du Roy, ou autre ſeigneur ſuzerain, en confortant la ſienne; & pendant le temps de la main-miſe ſignifiée au vaſſal, iceluy ſeigneur du fief fait les fruicts ſiens, & aprés ladite main-miſe, ſi le vaſſal les perçoit, il eſt tenu de les reſtitüer & rétablir; & au deuant de la main-miſe, le vaſſal fait les fruicts ſiens, ſuppoſé qu'il n'euſt fait ſes deuoirs, qui eſt à dire: Quand le ſeigneur dort le vaſſal veille, & quand le vaſſal dort le ſeigneur veille.

VN SEIGNEVR FEODAL] *Idem* Chaſteau-neuf, art. 32. Chartres, art. 32.

PEVT ASSOIR SVR LES HERITAGES TENVS EN FIEF DE LVY SA MAIN] *Quia ſeruitus feudi eſt realis, & ipſum feudum dicitur conueniri non perſona vaſſalli;* quoy qu'il ſoit perſonnellement obligé au payement des droicts feodaux. C. M. & renonçant au fief, ce qu'il peut malgré ſon Seigneur, il ſe libere de toute obligation d'hommage, *& ab omni nexu feodali.* *Ioan. Reynald.*

SIGNIFFIE'E] A peine de nullité, & pour mettre le vaſſal en demeure.

QVAND LE SEIGNEVR DORT, LE VASSAL VEILLE] Ce brocard eſt allegorique, & prend dormir & veiller, pour eſtre negligent ou diligent; le Seigneur dort lors qu'il ne fait pas ſaiſir le fief aprés les 40. iours; & le vaſſal veille qui joüit cependant.

Cecy

Cecy n'a point de lieu és fiefs de danger, dont la nature est, que
le vassal ne se peut mettre en possession d'iceux, sans les commettre au Seigneur, qu'il n'ayt au préalable fait la foy & hommage. Voyés le 56. article de la Coustume de Chaumont, auec
la note de du Moulin. Nous n'en auons point en ces trois Coustumes.

ARTICLE XXIV.

SI le vassal est en foy de son seigneur feodal, ledit
seigneur feodal nonobstant ce, par deffaut d'adueu
non baillé, peut saisir & empescher le fief tenu de luy,
mais n'en peut faire les fruicts siens.

SI LE VASSAL] *Idem* Chasteau-neuf, art. 33. Chartres,
art. 33. qui ajoute comme Chasteau-neuf, art. 34. que l'adueu se
doit bailler dedans 40. iours aprés la reception de foy & hommage ; & adiouste de plus Chasteau-neuf ; & ledit adueu baillé
& presenté par le vassal, le Seigneur, ou ses Officiers, seront tenus blâmer ledit adueu dedans trois mois aprés ; autrement, &
lesdits trois mois passés, au cas que ledit adueu n'ayt esté blâmé
par ledit Seigneur feodal, ou ses Officiers, il sera tenu pour receu & passé sans contredit. De la matiere des adueus, *latè Mol.
ad Parif.*

N'EN PEVT FAIRE LES FRVICTS SIENS] General
dans les autres Coustumes, & celle de Chasteau-neuf, *dict. art.*
34. n'appelle la saisie faute d'adueu, que saisissement.

ARTICLE XXV.

POur adueu non baillé, le seigneur feodal peut faire
saisir & empescher le fief tenu de luy, tant que l'adueu soit baillé : peut commettre au gouuernement d'i-
celuy ; & quand l'adueu est baillé, doit rendre les fruicts
à son vassal, en payant les frais de la commission, & les
salaires raisonnables des Commissaires.

Povr advev non baille'] *Idem* Chasteau-neuf, art.
35. Chartres, art. 34. Voyés là, de peur de redite; car sur mesmes choses, que peut-on dire que mesmes choses ; ce qui est
cause que je seray plus bref sur cette Coustume, que sur les pré-
cedentes,

         & summa sequar vestigia rerum.

Et pevt commettre av govvernement d'icelvy]
Ce *peut* qui se trouue és trois Coustumes, veut dire doit, comme aussi en celle de Paris, art. 9. *secùs* en la saisie faute d'homme, où le seigneur n'est pas tenu de faire établir Commissaires.
Icy manque le 36. & 35. articles de Chasteau-neuf & Chartres,
commençans , *quand la foy & hommage faut du costé du Seigneur.*

✤✤✤✤✤✤✤✤✤✤✤✤✤✤✤✤✤✤✤✤✤✤✤✤

CHAP. VI.

SI LE VASSAL PEVT IMPOSER
aucunement rente ou charge sur son fief.

ARTICLE XXVI.

S'IL aduient qu'vn vassal eust imposé charge ou
rente sur son heritage tenu en fief, telle charge ne
préjudicie au seigneur feodal, & est en son chois de receuoir celuy qui a acquis la rente , & infeoder icelle, ou
de la refuser, & s'addresser à sondit fief, ou peut auoir ladite rente pour le prix.

S'il advient] *Idem* Chasteau-neuf, art. 37. Chartres,
art. 36. Voyés là.

Ov pevt avoir ladite rente povr le prix]
Ce qui n'est pas aux deux autres Coustumes.

ARTICLE XXVII.

LE vassal ne peut obliger ou hipothequer aucun
heritage tenu en fief, sans le consentement du sei-

gneur dont il tient en fief, au moins que telle obligation ou hypotheque puiſſe nuire ou préjudicier audit
ſeigneur feodal, quant à ſes droicts, profits & redeuan-
ces de fief.

LE VASSAL NE PEVT] *Idem* Chaſteau-neuf, art. 38.
Chartres, art. 37.

QVANT A SES DROICTS] Chaſteau-neuf adiouſte, meſmes où ledit fief cherroit en profit de rachat.

ARTICLE XXVIII.

LES obligations & hypotheques ne peuuent empeſcher que le ſeigneur de fief n'exploicte en ſa
main l'heritage tenu de luy, auec les fruicts d'iceluy,
pendant le temps qu'il n'a point d'homme, & iuſques à
ce qu'il ayt eſté payé des profits de fief.

LES OBLIGATIONS ET HYPOTHEQVES] *Idem* Cha-
ſteau-neuf, art. 39. Chartres, art. 38. qui adiouſtent, & n'eſt, &
ne ſera ledit Seigneur aucunement tenu payer leſdites hypotheques. Voyés là.

N'EXPLOICTE EN SA MAIN] Paris, art. 28. dit, & durant le temps de ſadite main-miſe, n'eſt tenu de payer & acquiter les rentes, charges & hypotheques non infeodées.

CHAP. VII.
DE SOVFFRANCE.

ARTICLE XXIX.

QVand le ſeigneur feodal a donné ſouffrance à
ſon vaſſal de fief tenu de luy, il ne le peut plus
auoir par puiſſance de fief.

A DONNE' SOVFFRANCE] *Intellige de voluntaria, vt dixi in confuetudine precedenti amplia,* foit qu'il ayt donné foufrance de faire la foy, ou de payer le rachat. *Sed hæc omnia limita vt procedant,* aprés qu'on a exhibé les contracts d'acquifition au Seigneur direct, qui aprés a donné cette foufrance. C. M.

Secùs de foufrance de faifie, comme quand le Seigneur promet de ne point faifir iufques à certain temps, pendant lequel fe fera l'exhibition. C. M. en fa note fur l'article 49. de Chafteau-neuf, femblable.

Secùs de neceffaria & debita vt pupillo. C. M. en fa note fur l'article 39. de Chartres, femblable.

Article XXX.

LA foufrance donnée par le feigneur feodal à fon vaffal, durant le temps qu'elle dure, vaut foy. Le feigneur feodal eft tenu donner foufrance aux pere, ou mere, ayans la garde noble, ou autres de leurs enfans, ou neueux en directe ligne, mineurs d'ans, & iufques à ce qu'ils foient en aage de porter la foy, fans aucun profit ou rachat des heritages tenus en fief, à eux venus & écheus en ligne directe.

LA SOVFFRANCE] *Idem* Chafteau-neuf, art. 41. Chartres, art. 40. Notés que l'article precédent parle de la foufrance donnée, quant à l'effect qu'elle a d'empefcher le retraict feodal, & cettui-cy, quant à fes autres effects ; comme que durant icelle le Seigneur ne puiffe faifir l'heritage des mineurs faute d'homme, & en faire les fruicts fiens, afin de ne rien confondre.

DONNER SOVFFRANCE AV PERE OV MERE] Chafteau-neuf, & Chartres adiouftent, & en la demandant. Et pareillement aux tuteurs & curateurs de tous enfans mineurs, foient nobles ou roturiers.
Paris, art. 41. dit, & eft tenu le tuteur declarer les noms & âges des mineurs, pour lefquels il demande foufrance.

Grad Perche, art. 41. dit, en payant toutesfois par lefdits tuteurs & curateurs le rachat qui feroit deu.

ARTICLE XXXI.

L'Enfant mafle peut faire & porter la foy à fon feigneur feodal en l'aage de vingt & vn an, & la fille
en l'aage de quinze ans.

L'ENFANT MASLE] *Idem* Chafteau-neuf, art. 43. Chartres, art. 42. Voyés là.

ARTICLE XXXII.

QVand le vaffal defaduoüe fon feigneur feodal à
feigneur, il commet felonnie & forfait fon fief
enuers luy.

QVAND LE VASSAL DESAVOVE] *Idem* Chafteau-neuf,
art. 44. Chartres, art. 43.

Chafteau-neuf ajoute, car Chartres demeure court auffi-bien
que Dreux : Et aprés tel defaueu, le vaffal doit auoir main-leuée
de fon fief, & fruicts d'iceluy; fans préjudice de la felonnie, for-
faiture , & confifcation pretendus par ledit feigneur feodal.

Mais il eft bon de fçauoir que cette main-leuée n'eft que par
prouifion; & qu'au principal, afin qu'il y ait lieu à confifcation
du fief, le feigneur eft tenu de prouuer la mouuance, & conuain-
cre de menfonge le defaduoüant; que s'il ne le fait, la faifie feodale fera declarée nulle, & luy condamné aux dommages & in-
terefts. C. M.

Il faut auoüer ou defauoüer le feigneur, auant qu'il foit tenu
communiquer les pieces iuftificatiues de la tenure feodale , eût-
on acquis l'heritage comme cenfuel ou roturier : par Arreft cité
par Chopin, *lib.* 1. *de Mor. Parif. tit.* 2. *n.* 4.

Vxorio feudo confolidata par le defadueu du vaffal, *vxori quærun-
tur non viro* au regard du fond; *fecùs* quant aux fruicts, *l.* 7. *D. de iur.
dot.* Voyés fur Chafteau-neuf, & fur Chartres. *Mol. ad* §. 43. *Parif.*

CHAP. VIII.

DE CENS ET DV SEIGNEVR CENSIER.

ARTICLE XXXIII.

LE seigneur censier fait les fruicts siens des heritages tenus de luy vaquás, & par luy mis en sa main,
& les peut bailler à son profit, iusques à ce qu'il y ayt
proprietaire venu deuers luy reconnoistre lesdits droits
& deuoirs de cens. Et en iceux reconnoissant, est tenu
payer les reparations & meliorations raisonnables faites par ledit seigneur, ou celuy à qui il auoit baillé lesdits heritages. Et pendant le temps que ledit seigneur
censier tient iceux heritages en sa main, ledit proprietaire demeure quitte des arrerages.

LE SEIGNEVR CENSIER] *Idem* Chasteau-neuf, art. 45.
Chartres, art. 44.

VACANS] *Siue habentur pro derelicto, siue hæreditas iacet.* C. M.
Voyés là.

LEDIT PROPRIETAIRE DEMEVRE QVITTE DES
ARRERAGES DV CENS] Pource que le seigneur censier s'en
est payé par ses mains, en joüissant des heritages.

ARTICLE XXXIV.

QVand aucun heritage est empesché à la requeste
du seigneur censier pour les arrerages du cens à
luy deu, l'empeschement doit tenir, sans faire re-
creance des fruicts empeschés à l'opposant audit empeschement, iusques à ce qu'il ayt consigné les arrerages de

trois années, au moins, que le feigneur affermera par
ferment luy eftre iuftement deus.

QVAND AVCVN HERITAGE] *Idem* Chafteau-neuf, art.
46. Chartres, art. 45. Voyés là.

AV MOINS] Il faut lire, ou moins, fuiuant du Moulin, qui
corrige la Couftume de Chartres fur celle de Paris, §.74. gl.1.

Le fermier n'eft pas tenu payer le cens, s'il n'eft dit par fon
bail ; *fecùs* des dixmes & champart ; *fecùs* de l'emphiteute. *Chop.
de mar. Parif. lib.* I. *tit.* 3. *n.* 30.

ARTICLE XXXV.

D'Heritage tenu à cens, vendu ou échangé en diuerfes feigneuries & cenfiues, le feigneur cenfier
doit auoir pour fon droiⷶ de ventes le fixiéme denier,
& fe payent les ventes par moitié entre le vendeur & l'a-
cheteur, & pourra l'acheteur acheter l'heritage, à la
charge de payer toutes ventes, fans reuentons.

EN DIVERSES CENSIVES] *Hæc qualitas fitus refertur ad
permutata.* C. M   Lors que les cenfiues font reputées mefmes ou
diuerfes. Voyés fur l article 49. de Chafteau-neuf, & fur le 47.
de Chartres.

LE SIXIESME DENIER] Different des deux autres Couftumes, qui ont, le douziefme denier. Bourbonnois, art. 395. dit
auffi le fixiefme. Xaintonge, art. 41. dit le fexte.

SANS REVENTONS] *Id eft non debentur, licet vendiderit*
francs deniers. C. M. Voyés le mefme du Moulin fur la Couftume de Paris, §.76. gl. 1. n. 6. où il cite nommément cét article.

Voyés les 238. & 245. articles de la Couftume de Senlis con-
traires. Reuentons fe dit, comme requint & venterolles, & fe-
roient, s'ils auoient lieu, le fixiefme denier des ventes.

ARTICLE XXXVI.

LE vendeur & acheteur font tenus aprés la vendition faite dedans huiⷶ iours enfuiuans, annonces

& faire ſçauoir à leur ſeigneur cenſier la vente, & payer ou déprier leſdites ventes. Et où ils ſont defaillans, ils chéent en amande de chacun ſoixante ſols enuers le ſeigneur cenſier, de qui l'heritage eſt tenu.

LE VENDEVR ET ACHETEVR] Pource qu'ils payent les ventes par moitié, art. précedent.

ANNONCER ET FAIRE SÇAVOIR] En apportant & exhibant les lettres d'acquiſition, art. 73. de la Couſtume de Paris. Les deux autres Couſtumes de Chaſteau-neuf, art. 141. & Chartres, art. 108. n'ont que payer, ou deprier.

A LEVR SEIGNEVR] Chaſteau-neuf, & Chartres adiouſtent, ſon Receueur ou Commis, ou au Procureur ou Sergent, là où leſdits Seigneur, Receueur ne ſon Commis ne ſeroient demourans ou réſidens ſur le lieu où l'on a accouſtumé faire ledit payement ou depry.

EN AMENDE DE SOIXANTE SOLS] Pour ventes recellées ; laquelle amende eſt encor plus juſte que pour cens non payé, art. 40. plus bas. Auſſi les Pariſiens ſont exempts de celle-cy, pour les heritages aſſis en la Ville & banlieuë, art. 85. & non de l'autre, dont nul n'eſt exempt ; *improbior quippe eſt allieni iuris ignoti ſuppreſſio, quàm in noto ſoluendo mora ; l. penult. D. de vi & vi armat.*

ARTICLE XXXVII.

ET où leſdites ventes ſont depriées dedans leſdits huict iours n'y échet point d'amende, mais ſe doiuent demander & pourſuyuir par action.

N'Y ESCHET POINT D'AMENDE] Par la Couſtume de Chaſteau-neuf, art. 141. & par celle de Chartres, art. 109. il y échet amende de ſept ſols ſix deniers.

PAR ACTION] Nos trois Couſtumes ſont differentes en ce poinct ; celle cy dit, que les ventes ſe doiuent pourſuiure par action aprés le depry ; celle de Chaſteau-neuf, art. 145. dit, que le Seigneur par deffaut de payer ventes peut faire ſaiſir l'heritage. Chartres ge. Chartres ne parle point de la voye que peut prendre le Seigneur ; *tu dic* qu'en la Couſtume de Chartres il faut ſuiure celle-cy, comme la plus douce, & plus conforme aux autres de ce Royaume, pluſtoſt que celle de Chaſteau-neuf. Voyés ſur Chartres, *dict. art.* 109.

ARTICLE XXXVIII.

Vand aucuns heritages ſont échangés, & ils ſont en diuerſes ſeigneuries & cenſiues, ils ſe doiuent eſtimer & priſer, pour certifier & ſçauoir connoiſtre de la valeur , car les ventes en ſont deuës au ſeigneur cenſier, dudit retour.

QVAND AVCVNS HERITAGES] *Idem* Chaſteau-neuf, art. 52. Chartres, art. 50. Cét article eſt l'execution du 35. *ſup.* Voyés ſur Chaſteau-neuf, & ſur Chartres.

ARTICLE XXXIX.

Vand deux heritages eſtans en vne meſme cenſiue ſont échangés ſans retour, n'y a aucunes ventes, & s'il y a retour, il y a ventes.

QVAND DEVX HERITAGES] L'article eſt clair.

ARTICLE XL.

Eluy qui tient heritages à cens d'aucun ſeigneur cenſier, il eſt tenu payer, ou déprier au iour qu'il doit: & s'il eſt deffaillant de le payer, il échet en cinq ſols d'amende: & s'il déprie, & il ne paye dedás la huictaine, il échet en ſemblable amende de cinq ſols enuers ledit ſeigneur, & s'il n'y a cens, n'en eſt deu ventes : & ſi l'heritage eſt baillé à rente à récouſſe, les ventes ſont deuës à l'heure du bail.

CELVY QVI TIENT] *Idem* Chasteau-neuf, art. 143.
Chartres, art. 111. Voyés là.

IL CHET EN CINQ SOLS D'AMENDE] *Quia dies inter-
pellat; secus si le cens estoit requerable.*

En quelques pays échet perte d'heritage faute de payement
du cens par trois ans. *Vide Chopin. lib.* 1. *de Morib. Parif. Tit.* 1. *n.* 1.

LES VENTES SONT DEVES A L'HEVRE DV BAIL]
Vt sup. art. 15. quand le fief est baillé à rente à récousse.

ARTICLE XLI.

POur prise de bestes en aucun dommage, le preneur
bien famé & renommé est creu par son simple serment, en affermant sa prise, & non du dommage; lequel
dommage doit estre visité dedans les vingt-quatre heu-
res, par le congé du seigneur du lieu, & pour l'amende,
est tenu de payer celuy à qui sont les bestes, deux sols six
deniers. Si le dommage est fait en vignes, cinq sols: ou
si le dommage est fait en la forest de Crothays, estant en
la Comté de Dreux, cinq sols.

POVR PRISE DE BESTES] *Idem* Chasteau neuf, art. 150.
Chartres, art. 114.

LE PRENEVR BIEN FAME'] Il est reputé bien famé s'il
n'est point diffamé. *Qui famam suam negligit crudelis est. Iuo
Carnotenf. Epist.* 242. *ex Augustino, Serm.* 52.

DANS LES VINGT-QVATRE HEVRES] Particulier
icy, & doit estre prattiqué és deux autres Coustumes ; *rationem
habet, ne facies loci mutetur.*

PAR LE CONGE' DV SEIGNEVR DV LIEV] Ineptie
de Coustume; car s'il est absent, ou s'il refuse ce congé.

SI LE DOMMAGE EST FAIT EN VIGNE , CINQ
SOLS] Les vignes sont de plus grande consequence que les au-
tres heritages, & doiuent donc estre gardées auec plus de soing,
*Non aliam ob causam Baccho caper omnibus aris.
Ceditur,   Ap. Virgil. lib.* 2. *Georg.*

EN LA FOREST DE CROTHAYS] Le bois eſt neceſ-
ſaire à la vie, pour bruſler, pour baſtir; c'eſt pourquoy il doit
eſtre conſerué.

Chaſteau-neuf, *dict. art.* 150. adjouſte; & ſauf à celuy auquel
les beſtes priſes appartiennent, de recouurer ladite amende, &
ſes autres dommages & intereſts, au cas que ledit preneur ſeroit
trouué auoir mal fait ladite priſe.

ARTICLE XLII.

ET quand aucun heritage eſt empeſché, ou bran-
donné à la requeſte du ſeigneur feodal, ou cenſier,
& l'exploict ſignifie, y a ſoixante ſols d'amende au ſeigneur, auec la reſtitution des fruicts, ſi celuy à qui eſt
l'heritage leue par deſſus ladite main.

ET QVAND AVCVN HERITAGE] *Idem* Chaſteau-neuf,
art. 142. Chartres, art. 109.

EST EMPESCHE' OV BRANDONNE'] Car les meubles
du cenſier ne le peuuent eſtre, par Arreſt du 22. Iuin 1602. entre
Labiche & l'Eſcalopier, & ſuiuant la Couſtume de Paris, art. 74.

CHAP. IX.

DV DOVAIRE.

ARTICLE XLIII.

LA femme noble, ou non noble, eſt doüée ſur la
moitié de tous les heritages & immeubles qui ap-
partenoient à ſon mary, & dont elle le trouua ſaiſi au
iour qu'il l'épouſa, & qui ſont venus durant leur mariage de pere, mere, ayeul, ou ayeule, & d'autre ſucceſſion

de droite ligne. Et s'acquiert le douaire dés la premiere nuict qu'elle couche auec son mary, & commence à auoir son cours aprés le trépas du mary,& se doit requerir & demander aux heritiers d'iceluy.Et s'il y a douaire prefix, ou conuentionnel,on se doit régler selon la conuention des parties.

La femme noble ov non noble] *Idem* Chasteau-neuf, art. 54. Chartres, art. 52. Voyés là.

Et s'acqviert le dovaire dés la premiere nvict qv'elle a covche' avec son mary] Il faut donc qu'elle y couche effectiuement; aprés cela on ne s'enquiert plus du reste, que le mary l'ayt connuë, ou non; il suffit qu'il luy ayt esté permis; *noctem denique actam licentia coniugali,* comme parle Tacite, *lib.* 11. *Annal.* coucher dit tout. *Vide dormire cum illa, Capitul. lib. 6. cap. 48.*

Et se doit reqverir] Nos trois Coustumes ne s'accordent pas en cét endroit. Chartres, *dict. art.* 52. dit, aussi se doit requerir. Chasteau-neuf, *dict. art.* 54. dit,que le douaire coustumier saisit dans l'an & iour du trépas du mary; & que le prefix n'a point de lieu, iusques à ce qu'il ayt esté demandé en jugement, art. 61.

Paris,art. 256. dit, que le douaire, soit coustumier ou prefix, saisit; & courent les fruicts & arrerages du iour du decés du mary; ce qui est plus raisonnable.

Article XLIV.

LE douaire de la femme conjointe par mariage coustumier, ou conuentionnel entre nobles, ne se finit pas par le trépassement d'icelle femme douée, sinon quant au regard d'elle : car si elle a enfans yssus de son mary, & elle, qui l'a ainsi douée aprés le trépas d'elle,son douaire est fait le propre heritage de leurs enfans: com-

bien que ledit mary & pere en doit joüir sa vie durant,
comme bon pere de famille tant seulement. Et ne peut
iceluy doüaire estre vendu n'aliené au préjudice d'iceux
enfans.

Le dovaire] *Idem* Chasteau-neuf,art.58.Charttes,art.53.
Voyés là nos annotations.

Entre nobles ne se finit pas] La Coustume est
fondée sur ce qu'il faut auoir du bien pour viure noblement; que
dis-je, pour estre noble;

> *Si quadringentis sex septem millia desunt,*
> *Est animus tibi, sunt mores & lingua fidésque,*
> *Plebs eris.*   *Horat. cap. 1. lib. 1.*

Phocylides disoit dans Platon, au troisiéme liure de sa Repu-
blique, que l'ordre estoit d'en acquerir, & puis d'exercer la vertu.
Ce qui s'accommode à ce lieu de Tertullian, *lib 4. aduersus Mar-*
cionem, parlant des richesses; *per quas & diuites solatio iuuantur, &*
multa inde opera iustitiæ & dilectionis administrantur.

Article XLV.

Doüaire coustumier est de la moitié de tous les heritages que tient & possede le mary, & dont il est
saisi & vestu au temps du mariage, fait & consommé entre luy & sa femme, ou qui luy viennent & échéent depuis ou deuant iceluy mariage, par succession de ligne
directe.

Dovaire covstvmier] Superflu, à cause du precedent.

Article XLVI.

Doüaire conuentionnel est celuy qui est limité entre le mary & la femme, ou leur Procureur ou
Commis ayant puissance.

Dovaire conventionnel] Il n'a pas besoin d'interpretation.

ARTICLE XLVII.

ENtre non nobles, le doüaire couſtumier, ou conー
uentionnel, ſe finit & termine par le trépas de la
femme doüairiere.

Se finit et termine par le tré'pas de la femme] Entre non nobles ; & entre nobles, il faut que le pere & la mere meurent auparauant que les enfans joüiſſent du doüaire : que s'ils meurent auant le pere, ſans enfans, leur doüaire eſt auſſi bien mort pour eux, que pour la mere prémourant. C. M. Voyés Paris, art. 255.

CHAP. X.
DE COMMVNAVTÉ ET DIVISION
de biens communs.

ARTICLE XLVIII.

HOmme & femme qui ſont conjoints par maria-
ge, & en premieres nopces, s'ils ont eſté & de-
mouré an & iour enſemble en mariage, ils ſont com-
muns en biens, meubles, & acquerremens faits, leurdit
mariage durant, par eux, ou l'vn d'eux : en telle maniere,
qu'aprés le trépas de l'vn d'eux, iceux meubles & acque-
remens faits par eux, ou l'vn d'eux, ſe diuiſent entre les
heritiers du decedé & le ſuruiuant, égallement; ſi autre-
ment le decedé n'en a diſposé en ſon viuant. Car le ma-
ry peut vendre ſans le congé de ſa femme tous les biens
meubles, & conqueſts immeubles, ſans l'y appeller ; car
il eſt ſeigneur & maiſtre d'iceux.

HOMME ET FEMME] *Idem* Chasteau-neuf, art. 65. Chartres, art. 57. Voyés là.

CAR LE MARY PEVT VENDRE SANS LE CONCE'
DE SA FEMME] Chasteau-neuf, art. 73. & Chartres, art. 64. disent, disposer à son plaisir & volonté ; lesquelles paroles comprennent donner & sans fraude, suiuant la Coustume de Paris, art. 225. mais vendre ne signifie que vendre en celle-cy ; ce qui est à noter *in materia restringibili*, & à la difference des deux voisines.

ARTICLE XLIX.

SI homme & femme conjoints par mariage, ou l'vn d'eux, ont esté autresfois mariés, ils sont communs dés la premiere nuict de leurdit mariage, en biens, meubles, debtes personnelles, & acqueremens qui se font durant leurdit mariage, & aussi és debtes esquelles chacun desdits conjoints estoit tenu au precédant ledit mariage.

SI HOMME ET FEMME] *Idem* Chasteau-neuf, art. 66. Chartres, art. 58. Voyés là.

ARTICLE L.

QVand l'vn des conjoincts ensemble par mariage en premieres nopces va de vie à trépas auparauant l'an & iour écheu d'iceluy mariage, communauté n'a point de lieu ; & peut chacun reprendre ce qu'il a apporté.

QVAND L'VN DES CONIOINCTS] *Idem* Chasteau-neuf, art. 68. Chartres, art. 60.

ET PEVT CHACVN REPRENDRE CE QV'IL A APPORTE'] Ce qui est dit inconsiderément par nos trois Coustumes; car s'il n'y a de quoy, la femme est-elle point preferable en cette reprise. Voyés sur Chasteau-neuf, & sur Chartres.

ARTICLE LI.

SI deux conjoints par mariage, font durant iceluy
labourer aucun heritage qu'ils tiennent à ferme,
moison, ou penſion, aprés le trépas d'iceux conjoints,
ou de l'vn d'eux, les fruicts ameublis ſe partiront par
moitié, comme fruicts venus d'acqueremens faits durant leurdit mariage. Et ſi les fruicts ſont encores pendans par la racine en l'heritage de l'vn d'eux conjoints,
il ſera au chois de la partie à qui eſt l'heritage, de prendre tous les fruicts, en payant la moitié des chaſtels &
loyaux couſtemens à l'autre partie, on à ſon heritier, ou
luy laiſſer prendre la moitié d'iceux fruicts, ſi autrement n'en eſt ordonné par teſtament.

SI DEVX CONIOINCTS] Idem Chaſteau-neuf, art. 68.
Chartres, art. 60.

IL SERA AV CHOIS] Conforme à Chartres, dict. art.
60. Chaſteau-neuf, dict. art. 68. dit, ils ſe partiront par moitié.
Et ce quant aux fruicts encor pendans ; quant aux ameublis, ils
ſe partagent par moitié, par nos trois Couſtumes.

ARTICLE LII

POur acquerir droict de communauté entre deux,
ou pluſieurs, trois choſes ſont requiſes. La premiere eſt, qu'il y ayt lignage, ou affinité, & qu'ils ſoient
perſonnes de ſoy, & vſans de leurs droicts. La ſeconde,
qu'il y ayt an & iour qu'ils ayent eſté enſemble à dé-
pens communs. La tierce, qu'il y ayt apport & commu-
nication de biens par chacune deſdites parties, & volonté entr'eux de communauté. Et ſi leſdites choſes
deſſusdites

deſſus dites ſont concurrens, ils ſont communs en biens meubles, & acqueremens faicts durant ladite communauté.

Ov AFFINITE'] Particulier; car les deux autres, Chaſteau-neuf, article 69. & Chartres, article 61. n'ont que lignage. Voyés là.

ET VOLONTE' ENTRE EVX DE COMMVNAVTE'] *Affectio ſocietatis, in l. vt ſit. D. pro ſocio.* Qui ſe declare par la concurrence des trois choſes requiſes, & exprimées en l'article; ce qui n'eſt pas és deux autres voiſines.

Chaſteau-neuf, *dict. art.* 69. adiouſte, & durera icelle communauté de biens, tant entre mariés qu'autres, ſi aucun d'eux decede, iuſques à ce que le ſuruiuant ayt fait faire inuentaire, ou autre acte contraire.

Cette continuation de communauté, par raiſon generale, ſe ſupplée és Couſtumes qui l'ont obmiſe. Voyés l'Arreſt donné en celle-cy, entre Louyſe Nepueu, veufue de Germain Rotrou, & les Rotrous, du 10. Iuillet 1627. ſur Chaſteau-neuf. M. Loüet lett. C. n. 30.

CHAP. XI.

DV MARIAGE, ET DE LA
puiſſance que le mary a ſur ſa femme & ſes biens.

ARTICLE LIII.

LA femme eſt en la puiſſance de ſon mary, tellement qu'elle ne peut eſter en iugement, ne faire contracts ſans l'autorité de ſondit mary, ſi elle n'eſt marchande publique, ou preposée à aucune negociation par son mary. Auquel cas elle peut contracter de ce qui concerne le faict de la negociation & marchandise seulement, à laquelle elle a esté ainsi preposée, & non autrement.

L A F E M M E E S T E N L A P V I S S A N C E] *Idem* Chasteauneuf, art. 70. Chartres, art. 62. *honesta oratio.* Voyés là.

Coustume generalement obseruée en France; *testatur Ioan. Fab. in l. non sine. C. de bon. qu. liber. Porrò vereor vt iocosè simul & serio agamus ; ne contraria apud nos irrepserit consuetudo, vt non iam vxores in maritorum potestate sint, sed mariti vxorum iugum agnoscant. Pontan. in Bles.* C'est bien allé pour nous, lors que cette puissance se partage.

E S T E R E N I V G E M E N T , N E P A S S E R C O N T R A C T S] Si elle n'est autorisée, ou separée par Iustice, & ladite separation executée. Voyés les articles 224. & 234. de Paris.

S I E L L E N'E S T M A R C H A N D E P V B L I Q V E] Voyés ce que c'est, art. 235. de la Coustume de Paris.

A R T I C L E   L I V.

PAR mariage, le mary est reputé majeur & personne de soy en jugement & dehors ; tellement qu'il peut poursuiuir ses actions, & passer tous contracts.

P A R L E M A R I A G E] *Idem* Chasteau-neuf, art. 71. Chartres, art. 63.

E T P A S S E R T O V S C O N T R A C T S] *Etiàm alienando immobilia sublata nullitate,* & sauf la restitution en entier, & les remedes du droict commun : D'où vient que s'il est lesé au dessous de moitié, il pourra estre restitüé iusques à vingt-neuf ans ; mais s'il est lesé outre moitié, il pourra demander la récision iusques à trente-cinq ans seulement. C. M. *Municipali lege maior factus infra quintum & vicenum ætatis annum restituitur in integrum, aduersus patrimonij alienationem hypothecámue qua grauiusculè circonuentus sit,* comme en benefice d'âge. *Chop.* Paris, art. 239. dit, que homme & femme conjoints par mariage font reputés vſans de leurs droicts, pour auoir adminiſtration de leurs biens, & non pour vendre, engager, ou aliener leurs immeubles, pendant leur minorité. Eſt plus raiſonnable, & ſe deuroit prattiquer generalement; ſi bien que la difficulté ne doit eſtre qu'en quel cas le mineur reſtitué eſt tenu rendre le prix, ou non. Voyés ſur Chaſteau-neuf, & ſur Chartres. *L. 24. §. reſtitutio, ibi. ſed parcius in venditione. D. de minor.*

ARTICLE LV.

LE mary a le gouuernement & adminiſtration des heritages & poſſeſſions de ſa femme le mariage durant, & eſt ſeigneur des biens, meubles, fruicts, profits & reuenus à la femme appartenans, & de ſes debtes, & les peut demander en ſon nom, ſans ſa femme en jugement & dehors, & luy en appartiennent les actions perſonnelles & poſſeſſoires, ſans toutesfois qu'il puiſſe vendre n'aliener les heritages de ſadite femme, ſans ſon congé & conſentement.

LE MARY] *Idem* Chaſteau-neuf, art. 73. Chartres, art. 64. Voyés là. Voyés l'article 233. de Paris.

LES ACTIONS PERSONNELLES ET POSSESSOIRES] *Maſuer. §. 1. Tit. de poſſeſſorio.* & non des perſonnelles petitoires concernans les immeubles; *niſi ſimul actrix reáue cum eo intercedat.* Et peut, autoriſée du Iuge, interuenir, *etiàm inuito marito,* de peur de colluſion. C. M.

Le retraict lignager, l'adition d'heredité, & rachat des rentes, font reelles & petitoires.

SANS TOVTESFOIS QV'IL PVISSE VENDRE N'ALIENER LES HERITAGES DE SADITE FEMME] Car la Couſtume ne tend qu'à empeſcher cela. Beaucoup d'hommes n'épouſent des femmes qu'à cauſe de leur bien. Vne vieille eſt bien ſotte de croire qu'on en veuille à ſa perſonne. Si vn jeune homme ne vend, il taſche de faire vendre.　　　e ij

CHAP. XII.

DE RETRAICT PAR
puiſſance de fief.

ARTICLE LVI.

VN ſeigneur feodal peut retirer & appliquer à ſon domaine l'heritage vendu, mouuant & tenant de luy en fief, pour le prix qu'il a eſté vendu, auecques les loyaux couſtemens, quand bon luy ſemblera dedans l'an; s'il n'a receu l'acheteur à foy & hommage, ou donné ſouffrance dedans ledit temps : Et en ce faiſant, fait de ſon fief ſon domaine.

VN SEIGNEVR FEODAL] *Idem* Chaſteau-neuf, art. 74. Chartres, art. 65.

Chaſteau-neuf, *dict. art.* 74. adiouſte, Chaſtelain, à la difference de celle-cy, & de celle de Chartres. Sur tout voyés Chaſteau-neuf, plus ample, & explicatif.

Le Seigneur feodal, qui a retiré, eſt tenu aux hypotheques, *oneráque rei indicta abnuere nequit;* ſauf ſon recours contre le vendeur, qui l'en auroit vendu exempt. *L. debet D. de Ædil. edict. Cachr. Oſaſcus. Deciſ. Pedemont.* 156.

CHAP. XIII.

DE RETRAICT LIGNAGER.

ARTICLE LVII.

QVI vend ſon heritage propre à luy venu de la ſucceſſion de ſes parens & lignagers, il peut eſtre

retraiƈ par vn de ſon lignage, du coſté dont l'heritage
eſt eſcheu, dedans l'an & jour, en rembourſant l'acheteur des deniers de la vente, & des chaſtels & loyaux
couſtemens : Et ſi le retrayant ſe laiſſe mettre en com-
paruit, l'vn des lignagers pourra eſtre ſubrogé au lieu à
pourchaſſer le retraiƈ.

Qvi vend] La Couſtume, ſi en aucun autre eſt deffe-
ƈtueuſe, elle l'eſt en cét article.

Dedans l'an et iovr] *Scilicet* du contraƈ de vendition. Chartres, art. 67. dit, dedans l'an & iour de la poſſeſſion
reelle & aƈtuelle. Chaſteau-neuf de meſme, art. 76. qui adiouſte, en preſence de perſonne publique, & témoins, & encor l'in-
feodation pour les heritages feodaux, & la ſaiſine pour les cen-
ſuels, art. 86. Ie ne diſpute, ny contre l'vſage, ny contre la lettre,
Il eſt bien aiſe de celer vn contraƈ de vendition.

Article LVIII.

L'Adiournement en matiere de retraiƈ ſe doit faire
ſur le lieu & heritage qu'on veut retraire, preſens
teſmoins, hors huiƈtaine; & ſignifier à l'acheteur: Et
à la premiere aſſignation donnee, doiuent eſtre offerts
à decouuert les deniers par celuy qui veut retraire tel
heritage, & auſſi le iour de la litiſconteſtation : autrement il dechet dudit retraiƈ.

Hors hvictaine] *Idem* Chartres, art. 69. & ſe prattique là, que l'aſſignation en retraiƈ eſt bonne du Lundy au Lundy, contre le texte de la Couſtume. Chaſteau-neuf, art. 77. dit,
hors huiƈtaine, qui s'entend qu'il doit y auoir huiƈt iours francs,
entre le iour de l'adjournement & le iour de l'aſſignation. L'vſage fait tout.

Et a la premiere assignation] Et auſſi le iour
de la litiſconteſtation, à la fin de l'article, autrement il déchet
dudit retraiƈ. Chaſteau-neuf, art. 77. dit, à la premiere aſſigna-

tion, & Chartres, art. 69. dit, à chacun iour de la cauſe juſques
au iour de la litiſconteſtation includ. Si bien que nos trois Couſtumes ſont differentes en ce poinct. Et n'eſt pas de grande im-
portance ſçauoir laquelle eſt la plus raiſonnable.

ARTICLE LIX.

LE lignager du vendeur, du coſté & ligne dont
meut l'heritage vendu, luy eſt venu & eſcheu, eſt
à preferer au ſeigneur feodal , au retraict d'iceluy heritage, dedans l'an & iour de la vendition.

LE LIGNAGER] *Idem* Chaſteau neuf, art. 75. Chartres, art.
70. & eſt general. Voyés là.

ARTICLE LX.

SI à homme & femme conioincts par mariage eſt
adiugé aucun heritage en retraict, ſoit du coſté du
mary ou de la femme; tel heritage ainſi retraict eſt reputé acquerement, & demourera au ſuruiuant desdits
conjoints par moitié, & aux enfans dudit deffunct l'autre moitié, s'il n'y a enfans d'iceluy mariage : Et s'ils
n'ont aucuns enfans, ceux du lignage, dedans l'an, aprés
le decez de la perſonne du coſté duquel a eſté fait le retraict, ou de ſes enfans, pourront auoir iceluy heritage
ainſi retraict par maniere de rembourſement, ſuppoſé
qu'il y ait pluſieurs ans paſſez depuis ledit retraict, en
payant comme deſſus les deniers , chaſtels & loyaux
couſtemens, & payant les meliorations.

SI A HOMME ET FEMME] *Idem* Chaſteau-neuf, art. 79.
Chartres, art. 71. *Hìc* du retraict de my-denier. Voyés la Couſtume de Paris, art. 155.

OV DE SES ENFANS] Voyés l'article 156. de Paris, & la

note de du Moulin fur Chartres, *dict. art.* 71. *Chop. de Mor. Parif.*
lib. 2. *tit.* 6. *n.* 19. La Couftume s'entend des enfans communs du
mariage, durantlequel a efté fait le retraict; *quibus faluis fufpen-*
ditur gentilitia condictio partis fundi communis. On cite les Arrefts
des Gobelins, du 25. May 1542. & des Heffelins, du dernier
Ianuier, 1544.

ARTICLE LXI.

DE'bourfement a lieu, quand aucun vend fon heritage propre à aucun de fon lignage, & aprés
l'acheteur le vend à vn eftranger, & hors du lignage,
dedans l'an & iour de telle vente. L'vn des lignagers
dont meut & procede ledit heritage le peut auoir par
forme de remboursement, en le remboursant du fort
principal, & loyaux couftemens.

DE'BOVRSEMENT A LIEV] *Idem* Chafteau-neuf,art.80,
Chartres, art. 72.

QVAND AVCVN VEND SON HERITAGE PROPRE
A AVCVN DE SON LIGNAGE] Auquel cas, vn plus pro-
che ne le peut retirer. *Ioan. Fab. ad §. fi plures, de leg. agnat. fucceff.*
Secùs par le droict des Lombars, §. *titiùs. fi de feud. deff. content. fit.*

LE PEVT AVOIR PAR FORME DE REMBOVRSEMENT]
Et le premier vendeur auffi, comme ne l'ayant au precédent mis
hors la ligne, dit Paris, art. 133.

ARTICLE LXII.

ET pareillement ledit remboursement a lieu, quand
celuy à qui aucun heritage eft adiugé par retraict
lignager, le vend à vn eftranger de la ligne, en y venant
dedans l'an & iour; & eft le remboursement comme
deffus.

ET PAREILLEMENT] *Idem* Chafteau-neuf, art. 81.
Chartres, art. 73. Voyés là.

Article LXIII.

QVAND aucun heritage propre eſt baillé à
rente & à récouſſe à vn eſtrange du lignage, l'vn
des lignagers du bailleur, du coſté & ligne dont
meut ledit heritage, le peut auoir par retraict, dedans
l'an & iour dudit bail, à la charge d'acquitter ladite
rente.

QVAND AVCVN] *Idem* Chaſteau-neuf, art. 82. Char-
tres, art. 74. La raiſon de la Couſtume eſt, que le bail à rente à
récouſſe eſt ſemblable à la vendition ; voyés comme s'il auoit
acheté, art. 15. *ſup.*

A LA CHARGE D'AQVITTER LADITE RENTE] Chaſteau-neuf,
& Chartres, *dict. art.* 82. & 74. diſent, à la charge de ladite rente, & de bailler bonne & ſuffiſante caution par le lignager, de
décharger & garantir le preneur. Acquiter eſt le plus court, c'eſt
à dire, racheter ; mais dans quel temps, c'eſt la difficulté, & dépend de l'Office du Iuge ; la Couſtume eſt tellement deffectueu-
ſe en ce Chapitre, qu'elle ne dit pas ſeulement dans quel temps
aprés le retraict adjugé, le retrayant eſt tenu de rembourſer l'a-
cheteur des deniers de la vente, & loyaux couſtemens ;

Tantamne rem tàm negligenter agere? *Terent.*

Article LXIV.

QVAND aucun baille ſon heritage propre à
rente à touſiourſmais à perſonne eſtrange de
ſon lignage, ſon lignager en ligne dont meut
ledit heritage peut auoir par retraict ladite rente perpetuelle, ſi elle eſt venduë, dedans l'an de ladite vendition, en rembourſant l'acheteur du ſort principal, &
loyaux couſtemens.

QVAND AVCVN] *Idem* Chaſteau-neuf, art. 84. Chartres, art. 75. Voyés là.

SI ELLE EST VENDVE] Par le bailleur.

ARTICLE

ARTICLE LXV.

QVand aucun baille son heritage propre à personne estrange à rente perpetuelle, le lignager
du costé & ligne dont meut ledit heritage, peut
auoir par retraict ladite rente dedans l'an de ladite vendition, en remboursant l'acheteur comme dessus.

DEDANS L'AN DE LADITE VENDITION] *Malè*, car
l'article n'a point encor parlé de vendition, & semble n'estre
qu'vn auec le precedent.

CHAP. XIV.

DE SERVITVDE ET PRESCRIPTION.

ARTICLE LXVI.

QVand aucun à juste tiltre, & de bonne foy, joüît
d'aucun heritage paisiblement par l'espace de
dix ans entre presens, & vingt ans entre absens,
aagés, & non priuilegiés, il a acquis droict de prescription, & exception vallables à l'encontre de ceux qui le
voudroient inquiéter en la proprieté ou possession d'i-
celuy heritage.

DE DIX ANS ENTRE PRESENS, ET VINGT ANS
ENTRE ABSENS] *Ex iure Ciuili, tot. tit. de præscr. long. temp.*
10. *vel.* 20. *ann.* Coustume de Paris, art. 113. 116. presens sont
ceux qui demeurent en mesme Bailliage, ou Seneschaussée.

Absens, s'entendent d'absence volontaire, non forcée, *l.* 1.4. D
ex qu. cauf. maior.

AAGE'S] La prescription ne court contre le mineur, soit

commencée contre luy, ou contre le majeur, auquel il succede.
Voyés les Arrests, dans M. Loüet lett. P. n. 36.

ET NON PRIVILEGIEZ] Mineurs, Eglise, Seigneurs
feodaux, censuels, & de rente fonciere, premiere aprés le cens.

ARTICLE LXVII.

EN la ville de Dreux, chacun est tenu de soy clorre
de closture conuenable contre son voisin, ou bailler terre pour porter ses eaux sur son danger, ou en ruë,
& hors le danger de son voisin, s'il n'y a seruitude ex-
pressément constitüée au contraire.

EN LA VILLE DE DREVX] Chasteau-neuf, art. 93.
dit, en villes, faux-bourgs, bourgades & villages. Chartres, art.
76. dit, en la ville & faux-bourgs de Chartres, villes & bourgades desdites cinq Baronnies, & Perche-Goüet.

On pourroit douter si sous ces mots, *en la ville de Dreux*, les
faux-bourgs sont compris ; mais il faut dire qu'ouy ; *vrbis appel-
latio muris, Romæ continentibus ædificijs finitur, quod latius patet. Secùs*
s'il n'y auoit qu'en la ville. La question peut n'aistre demain,
d'vn Bourgeois de Dreux, qui legue par testament ses meubles
estans en la ville ; le legataire ne pourra pretendre ceux qui seront au faux-bourg : *Secus* si le testament portoit, estant en la
ville de Dreux.

ARTICLE LXVIII.

NVL ne peut auoir ne tenir veuës ne fenestres
ouurans sur l'heritage de son voisin ; sinon qu'elles soient de sept pieds de hault à reez de terre ou de
plancher, & à voitre dormant : Et n'est tenu personne
porter l'égout de son voisin. Et en tout ce que dit est,
n'y a point de prescription par quelque temps & ioüis-
sance qu'on en ayt ioüy, s'il n'y a seruitude constitüée
au contraire.

Nvl ne pevt] *Idem* Chasteau-neuf, art. 94. Chartres, art. 80. Voyés là.

Et n'est tenv personne porter l'egovt de son voisin] Mais bien est, porter ses eaux en son danger, par les deux autres Coustumes.

Vn quidam plaidant contre son voisin, qui voyoit sa femme vn peu trop familierement, se seruit de la Coustume en cét article, ce qui fut trouué à propos, *ridiculum acri fortius.*

ARTICLE LXIX.

LE seigneur feodal, & le vassal, ne peuuent prescrire l'vn contre l'autre, au regard des droicts seigneuriaux & feodaux, par quelque temps qu'ils ioüissent d'heritage: semblablement en droict censuel.

Le seignevr feodal et le vassal] Chasteau-neuf, art 95. & Chartres, art. 81. sont plus amples & explicatifs, qu'il faut voir, auec nos annotations.

ARTICLE LXX.

MArchands, gens de mestier, & autres vendans leurs denrées & marchandises en detail, Chirurgiens, Barbiers, Apothicquaires, Orfeures, Maçons, Charpentiers, Laboureurs, Mannouuriers, Seruiteurs, & autres mercenaires au Comté de Dreux, ne pourront faire action, question ou demande de leursdites denrées & marchandises, salaires & seruices aprés deux ans passés, lesdites denrées vendües, debitées & déliurées en detail, ouurages, labours, salaires & seruices faits; fors & excepté de celles qui auroient esté & seroient recon-nuës par obligation ou cedule.

Marchands] *Idem* Chasteau-neuf, art. 96. Chartres, art. 82. Voyés là.

APRE'S DEVX ANS PASSE'S] De mefme Chartres, *dict.*
art. 82. Chaſteau-neuf, aprés le temps de ſix mois, *dict. art.* 96.
conforme a l'ordonnance. Cette preſcription couſtumiere eſt
introduite en hayne du creancier ; quelques Marchands ne de-
mandent qu'à vendre à credit cherement, & eſt-on ébahy que
leurs parties montent, *turgeſcit pagina.* La plus-part de ceux à
qui on preſte, ſans les preſſer du payement, croyent ne rien de-
uoir. D'ordinaire les Marchands s'imaginent que toute la ſcien-
ce ne conſiſte *in niuna altra coſa ſe non in ingannare, ô in guadagna-*
re. Baccac.

  Notés qu'entre nos trois Couſtumes, il n'y a que celle de Chaſteau-neuf qui faſſe mention des Hoſtelliers & Tauerniers.

  EXCEPTE' CELLES QVI AVROIENT ESTE' RECONNVES
PAR OBLIGATION OV CEDVLE] Arreſt de compte, ſom-
mation ou interpellation judiciairement faite, dit Paris, art. 126.

✿✿✿✿✿✿✿✿✿✿✿ : ✿✿✿✿✿✿✿ : ✿ : ✿ : ✿✿✿

CHAP. XV.

DE DECRETS, CRIE'ES
& ſubhaſtations.

ARTICLE LXXI.

QVAND aucun heritage eſt mis en criées par
ordonnance de Iuge, à la requeſte du creancier,
les ſolemnités gardées , tel heritage doit eſtre
ſequeſtré, & mis en main de Iuſtice, regy & gouuerné
par commiſſaires, auec les fruicts d'iceluy pendant leſdites criées, au profit de qui il appartiendra.

  QVAND AVCVN] *Idem* Chaſteau-neuf, art. 98. Chartres,
art. 83. Voyés là.

  AV PROFIT DE QVI IL APPARTIENDRA] Du ſaiſi,
& de ſes creanciers.

ARTICLE LXXII.

IL eſt loiſible aux creanciers, auſquels ſont deus deniers, ou qui ont droict de rente ſur aucun heritage,
dont il leur eſt deu des arerages écheus, & eſquels le deb-
teur eſt enuers eux obligé, ou côdamné de faire mettre
ledit heritage (par deffaut de payemét d'iceux arerages,
& de trouuer biens meubles en la poſſeſſion dudit obligé, ou condamné) en criées & ſubhaſtations, les ſolemnités, & autres choſes gardées.

Il est loisible] *Idem* Chaſteau-neuf, art. 99. Chartres, art. 84.

Et de biens mevbles trovve's] De meſme
Chartres, *dict. art* 84. Cette perquiſition de meubles oſtée à
Chaſteau-neuf, *dict. art.* 99. ſauf pour les mineurs, ſuiuant l'Or-
donnance.

ARTICLE LXXIII.

LES criées & ſubhaſtations d'heritages ſe doiuent
faire par ordonnance & commiſſion de Iuge de
la Iuſtice ſouz laquelle tels heritages ſont ſujects: C'eſt
à ſçauoir, à la ville de Dreux, par quatre Lundys, iours
de marché enſuiuans l'vn l'autre, de quinzaine en quinzaine, & és Chaſtellenyes dudit Comté, & lieux où il y
a haute Iuſtice, par quatre iours de plaids, ou de quatre
iours de Dimanches, à yſſuë de Meſſe Parrochialle, de
quinzaine ſans interualle, en laquelle Parroiſſe les heritages ſont aſſis. Et icelles criées faites & parfaites, rap-
portées deuëment, la quinzaine paſſée, à compter du
iour que fut faite la derniere criée au plus long, & que

les oppofitions font difcutées en jugement , l'adiudication fe fait & peut faire au plus offrant & dernier en-
cherffeur, par le Iuge foubs la jurifdiction de qui telles
criées ont efté faites.

LES CRIE'ES ET SVBHASTATIONS] *Idem* Chartres,
art. 85. Chafteau-neuf, art. 100. & plus ample , & explicatif fur
le fait de la certification des criées. Il faut joindre aux folemni-
tés, qu'y defirent nos trois Couftumes, celles de l'Ordonnance
du Roy Henry, de l'an 1551. & voir auffi le Traiâé de M. le
Maiftre.

ARTICLE LXXIV.

QVand aucun heritage eft adiugé par decret, les fo-
lemnités en tels cas requifes gardées, les oppofitions des oppofans difcutées, le decret baillé &
déliuré en forme autentique, iceluy eft fait feigneur,
proprietaire & poffeffeur de l heritage ainfi adiugé par
decret : En telle maniere, que fi aucuns y euffent peu demander aucun droict de proprieté, poffeffion , ou hy-
pothecque fur ledit heritage, & qui auparauant ladite
adiudication ne fe feront oppofes, en font forclos,
priués & deboutés.

QVAND AVCVN] *Idem* Chafteau-neuf, art. 105. Chartres,
art. 86. Voyés là.

LE DECRET BAILLE' ET DE'LIVRE'] Chafteau-
neuf, & Chartres adiouftent, & poffeffion prife au moyen d'i-
celuy. Voyés les articles 103. & 104. dudit Chafteau-neuf, qui,
par raifon & droict de voifinage, peuuent eftre adiouftés à ce
Chapitre. Voyés le titre des criées, en la Couftume de Paris.

CHAP. XVI.

DE DONATION MVTVELLE.

ARTICLE LXXV.

DEVX conioincts enfemble par mariage, foient nobles, ou couftumiers, ayans enfans, peuuent donner l'vn à l'autre mutuellement tous & chacuns leurs meubles, & conquefts immeubles, pour en ioüir par le furuiuant par vfufruict, à la charge de nourrir & entretenir les enfans felon leur eftat : Et auant qu'en auoir deliurance par les mains de l'heritier, fera tenu ledit furuiuant faire inuentaire, & bailler caution. Et fi ledit furuiuant fe remarie, ladite donation mutuelle demeure nulle : Et entre roturiers, lefdits meubles, & conquefts immeubles ; & entre nobles, les conquefts fe departiront entre le furuiuant & les enfans du premier decedé. Et s'il n'y a nuls enfans dudit mariage, lefdits deux conioincts pourront donner mutuellement l'vn à l'autre tous leurfdits meubles, & conquefts immeubles, pour en ioüir par ledit furuiuant en proprieté.

DEVX CONIOINCTS] *Idem* Chafteau-neuf , art. 106. Chartres, art. 87. Voyés là.

AYANS ENFANS] Paris, art. 280. dit, pourueu qu'il n'y ayt enfans, *etiàm* en don mutuel, par vfufruict.

TOVS ET CHACVNS LEVRS MEVBLES ET CONQVESTS] Non les propres ny acquefts precédens le mariage, car il y auroit inégalité.

ET S'IL N'Y A NVLS ENFANS] En ce cas les conjoints fe peuuent donner en proprieté lefdits meubles & conquefts. *Quid*

s'il y en auoit lors du don, & qu'il n'y en ayt plus lors du decés.
Ils difent, que le don reprend fa force, & citent vn Arreft du 18.
May 1584. au 7. des Refp. de Charondas. I'en ay parlé diuerfe-
ment fur Chafteau-neuf, & fur Chartres, & à deffein ; car la negatiue vaut bien l'affirmatiue.

Don mutuel n'eft réuocable aprés l'infinuation, que du confentement des deux conjoints, & ne peut eftre chargé de legs,
teftamentaires du prémourant, art. 284. & 286. de la Couftume
de Paris. Le don mutuel eft oncreux, & fa raifon eft le douteux
& reciproque éuenement.

CHAP. XVII.
DE DONATIONS ET
contracts faicts entre vifs.

ARTICLE LXXVI.

VN chacun peut donner, vendre & aliener fes heritages ainfi que bon luy femble, par donations,
venditions, & autres contracts faicts entre vifs, fans le
confentement de ceux qui luy deuront fucceder; & vaut
telle donation, vendition, alienation ou difpofition ;
mefmement quand elle eft faite entre vifs, & par perfonnes idoines à ce faire, & à perfonnes capables, felon
le droict, & fans fraude ; pourueu que les enfans natu-
rels & legitimes des donateurs ne foient fraudés de leur
legitime, à eux deüe de droict de nature.

VN CHACVN] *Idem* Chafteau-neuf, art. 109. Chartres,
art. 88. Voyés là.

Vn homme qui donne tout fon bien eft fol, fi l'on m'en croit.
On fait des ingrats à moins que donner tout ce qui eft permis
par cét article.

Eτ

ET A PERSONNES CAPABLES] Le mary ny la femme ne font pas capables de donner entre vifs l'vn à l'autre, quoy que la Couftume ne le deffende pas, comme celle de Paris, art. 282. & faut auoir recours au droiĉt Romain, Tit. de *don. int. vir. & vxor. ne fefe mutuo amore fpolient, & melior in paupertatem incidat;* la concorde entre conjoints ne doit pas eftre venale.

POVRVEV QVE LES ENFANS] Cette claufe n'eft pas fi jufte, que honteufe pour les pere ou mere, qui donnent tout leur bien, au préjudice de ceux aufquels ils le doiuent par nature.

· ARTICLE LXXVII.

DONNER & retenir, rien ne vaut, fi la perfonne ne baille la poffeffion de la chofe par luy donnee·

DONNER ET RETENIR NE VAVT] Voyès Chafteauneuf, art. 110. & Paris, art. 274. & 275. qui expliquent. Chartres manque.

ARTICLE LXXVIII.

VN chacun peut donner fon heritage à qui bon luy femble, & en retenir l'vfufruiĉt feulement, & vaut telle donation, en fe defiftant & deffaififfant de la proprieté.

ET EN RETENIR L'VSVFRVICT] Et lors cé n'eft donner & retenir, car la claufe de retention d'vfufruiĉt eft tranflatiue de poffeffion au donataire, *cap. cùm veniffent, de reftit. ĝol. apud Gregor.* Voyès fur Chafteau-neuf, art. 110.

CHAP. XVIII.

DES LEGS ET ORDONNANCES
teſtamentaires, & de derniere volonté.

ARTICLE LXXIX.

TO V S executeurs teſtamentaires ſont ſaiſis par an & iour, aprés le trépas du teſtateur, de tous & chacuns les meubles ſeulement, demeurés par le decés d'iceluy teſtateur, en faiſant inuentaire deuëment, & à la charge d'appeller par leſdits executeurs les heritiers du deffunct pour voir payer les debtes, & autres choſes qui pourront eſtre deuës par ledit teſtateur, autres que les ordonnées pour ſes obits, obſeques & funerailles, leſquelles choſes ordonnées par iceluy teſtateur pour ſeſdits obits, obſeques & funerailles, leſdits executeurs pourront payer & mettre à execution ſans appeller leſdits heritiers. Et neantmoins, ſi leſdits heritiers d'iceluy decedé veulent bailler argent comptant auſdits executeurs pour accomplir ledit teſtament, en tant que touche leſdits obits, obſeques & funerailles, & autres debtes cogneuës, & baillent bonne & ſuffiſante caution de payer les autres debtes, & accomplir le reſidu dudit teſtament dedans ledit an, en ce cas, leſdits heritiers auront, ſi bon leur ſemble, déliurance deſdits biens meubles.

T O V S E X E C V T E V R S] *Idem* **Chaſteau-neuf**, art. III. **Char-tres**, art. 89. Voyés là.

LESQVELLES CHOSES AINSI ORDONNE'ES] Les
executeurs peuuent payer & mettre à execution ce qui est ordonné par le deffunct, touchant ses obseques & funerailles, sans
mesme y appeller ses heritiers, pource que c'est chose pressée,
longam enim dilationem sepultura non patitur, inquit Seruius, II. Æneid.
AVRONT, SI BON LEVR SEMBLE, DELIVRANCE]
Dautant que les executeurs ne sont saisis des meubles, par la
Coustume, que pour la deffiance qu'elle a des heritiers, qui sont
plus prompts à s'emparer des clefs, qu'à payer les debtes du deffunct, pour la décharge de sa conscience, & que l'on void,

     Iam circùm loculos,

qu'il n'a pas encor rendu l'esprit. *Vide Horat. Satyr.* 3. Notés que
les heritiers sont tenus bailler argent comptant, pour ce qui regarde lesdits obits, obseques & funerailles, & que la caution
pour cela n'est pas suffisante.

ARTICLE LXXX.

TOVS testamens, codiciles, ordonnances & dispositions de derniere volonté, faits & passés par
testateur, en la presence d'vn Notaire, ou Tabellion,
& trois tesmoins; ou du Curé ou Vicaire du lieu, &
trois tesmoins; & aussi si tel testament, codicile & ordonnance de derniere volonté estoient écrits & signés,
le tout de la main du testateur, sans tesmoins, seront
bons & valables, & à iceux adioustera l'on pleine &
entiere foy. Et si lesdits testamens, codiciles, ordonnances & dispositions de derniere volonté n'estoient
faits & parfaits, les solemnités dessusdites obseruées
& gardées, ils ne vaudront, & seront de nul effet &
valeur.

TOVS TESTAMENS] *Idem* Chasteau-neuf, art. 112. Chartres, art. 90. Voyés là.

Voyés l'article 289. de Paris, d'où nos trois Couſtumes, moins amples qu'il ne faudroit en cette matiere, empruntent beaucoup de choſes.

ET TROIS TE'MOINS] Maſles. *Deffectus teſtium ſuppleri nequit acceſſione Notarij alterius. Ren. Chop.*

E'CRITS ET SIGNE'S, LE TOVT DE LA MAIN DV TESTATEVR]Ce ſont les moins ſuſpects de ſuggeſtion, & ſi je m'auiſe d'en faire vn, il ſera de ceux-là. Non qu'il ne ſe trouue des buſes à qui l'on fait écrire, & ſigner tout ce que l'on veut, & qui ſe laiſſent mener,

> *vt neruis alienis mobile lignum.*

Le iour & datte ne doiuent eſtre obmis en ces teſtamens holografes.

ILS NE VAVDRONT] Les ſolemnités requiſes par la Couſtume n'y ayant eſté gardées, *quæ petuntur à lege loci*, où le teſtament eſt paſsé ; & quant à la diſpoſition des biens, elle ſe gouerne par la Couſtume du lieu où ils ſont ſçitués.

La ſolemnité requiſe à vn acte, par la Couſtume, doit eſtre gardée és termes d'icelle preciſément, & non par équipollent, à peine de nullité dudit acte. *Iaſ. in l. 2. D. de lib. & poſthum.*

ARTICLE LXXXI.

HOmme & femme conioincts par loy de mariage, & autres habiles & idoines à teſtamenter, peuuent teſtamenter, & ordonner par teſtament & derniere volonté de tous leurs biens, meubles, & acquieremens immeubles, à leur plaiſir & volonté, & les donner & laiſſer à qui il leur plaira, pourueu que leſdits legataires ſoient capables de prendre & accepter leſdits legs; & que les enfans & heritiers du teſtateur ne ſoient fraudés de leur legitime à eux deuë de droict de nature.

HOMME ET FEMME] *Idem* Chaſteau-neuf, art. 113. Chartres, art. 91. Voyés là

DE TOVS LEVRS BIENS MEVBLES, ET ACQVIEREMENS
IMMEVBLES] *Etiàm* au profit l'vn de l'autre, par nos trois
Couſtumes, & non par celle de Paris, art. 282. Et s'entend que
le mary ne peut teſter que de la moitié qu'il a és meubles & acqueremens communs entre luy & ſa femme, au préjudice de ſadite femme, & de la moitié qui luy peut appartenir en iceux par
le trépas de ſondit mary, art. 296. de la meſme.

ARTICLE LXXXII.

ET ſemblablement, par leur teſtament, peuuent diſpoſer de leurs heritages propres iuſques à la quinte partie en fief : & de la quarte partie en cenſif, auec vne année de tout le reuenu de tous leurs propres heritages, pourueu auſſi que les enfans heritiers dudit teſtateur ne ſoient fraudés, & priués de leurdite legiti-me, comme deſſus.

PEVVENT DISPOSER DE LEVRS HERITAGES PRO-
PRES, IVSQVES A LA QVINTE PARTIE EN FIEF,
ET DE LA QVARTE PARTIE EN CENSIF] Different de Chaſteau-neuf, & Chartres, *diĉt. art.* 113. & 91. qui permettent diſpoſer du quint des propres *indiſtinĉtè.* Conforme à la Couſtume
des cinq Baronnies, & Perche-Goüet, *diĉt. art.* 91. ſur la fin.

AVEC VNE ANNEE DE TOVT LE REVENV DE
TOVS LEVRS PROPRES HERITAGES] Par nos
trois Couſtumes; contre la Couſtume deſdites cinq Baronnnies,
qui n'a pas ce reuenu de l'année.

Habui hîc, & quelqu'vn échángea du fief auec du cenſif, mais
rien ne fut exécuté qu'aprés ſa mort ; cependant il legue tout ce
qu'il peut de ſes propres ; le legataire demande le quint ? Reſp.
Qu'il ne pouuoit rien demander du fief alienè, mais du cenſif
deu, il en prend ſeulement la quarte partie, pource que l'action
ad hæredia cenſetur hæredium, l. qui aĉtionem. D. de regul. iur. C. M.

CHAP. XIX.

DE SVCCESSION.

ARTICLE LXXXIII.

EN succession, droict de representation a lieu en ligne directe, & en ligne collaterale au premier degré.

EN SVCCESSION] *Idem* Chasteau-neuf, art. 115. Chartres, art. 93. Voyés là.

AV PREMIER DEGRE'] *Scilicet* en directe *in infinitum*,
& en collaterale, iusques aux enfans des freres, qui sont au premier degré, suiuant le droict Canon, & le second, suiuant le
droict Ciuil. C. M.

En directe, l'enfant represente son pere, & non son ayeul ; &
y viennent les enfans, par souches, soit auec leurs oncles, ou
cousins germains, iceux oncles predecedés, suiuant Laon, art.
74. *Secus* en collaterale entre cousins germains qui succedent
par testes, art. 321. de la Coustume de Paris.

ARTICLE LXXXIV.

LE mort saisist le vif, son heritier habile à luy
succeder, & sans apprehension de faict.

LE MORT SAISIT LE VIF]·*Idem* Chasteau-neuf, art.
116. Chartres, art. 94.

Sans aucun acte corporel, ny apprehension de faict. *Hoc est,
mortuum aperire oculos viuentis.* Bald.

En successions *ab intestat*, & non testamentaires. Par Arrest de
Montespan, de l'an 1561. ce qui a lieu en nos trois Coustumes.

ARTICLE LXXXV.

INſtitution d'heritier n'a point de lieu audit Comté.

INSTITVTION D'HERITIER] *Idem* Chaſteau-neuf, art. 117. Chartres, art. 95. Voyés là.

Pendet ex eo, qu'en la France Couſtumiere les teſtamens ne ſont reputés que codicilles, que l'inſtitution d'heritier s'y prattique peu, *& obliquè in legatum deriuatur. Petr. Perticenſis in l. 1. C. de Sacroſ. Ecclef. Secùs* ſi la Couſtume deffendoit l'inſtitution d'heritier, car lors elle ne vaudroit pas ſeulement ſimple legs, ſuiuant la note de du Moulin, ſur l'article 101. de la Couſtume de Vitry.

ARTICLE LXXXVI.

LES heritages de la ſucceſſion d'aucun deffunct, ſoient en fief ou cenſiue, viennent & chéent aux plus prochains lignagers dudit deffunct, du coſté & ligne dont iceux heritages viennent & deſcendent.

LES HERITAGES] *Idem* Chaſteau-neuf, art. 118. Voyés là. Manque à Chartres.

Voyés encor l'article 128. de Chaſteau-neuf, & le 328. de Paris, *vbi* de la régle *paterna paternis, materna maternis,* qui a lieu en païs couſtumier generalement *in collaterali.*

ARTICLE LXXXVII.

EN ſucceſſion de ligne collaterale en pareil degré, les filles ne prennent rien aux heritages tenus en fief, & n'y a point d'aiſneſſe ; mais les freres y ſuccedent également.

EN SVCCESSION] *Idem* Chartres, art. 96. Chaſteau-neuf eſt different, art. 119. Voyés là.

LES FILLES NE PRENNENT RIEN] *Scilicet* auec les masles.

MAIS LES FRERES Y SVCCEDENT E'GALEMENT] Non pas en la Couſtume de Chaſteau-neuf, *dict. art.* 119. où le plus âgé des puiſnés, en la ſucceſſion de l'aiſné, a par preciput le principal manoir appartenant audit fils aiſné decedé, auec arpent & demy de terre, & la juſtice.

ARTICLE LXXXVIII.

ES heritages tenus en cenſif, n'y a point d'auantage entre freres & ſœurs, aiſnés ou puiſnés, en ligne directe ou collaterale.

E's HERITAGES] *idem* Chaſteau-neuf, art. 120. Chartres, art. 97. Voyés là.

En la Couſtume du Grand Perche, art. 143. droict d'aiſneſſe ſe prend ſur les terres, ſoient nobles ou roturieres.

ARTICLE LXXXIX.

AVX enfans du premier mariage appartiennent les propres tenus en fief, & aux enfans du ſecond les conqueſts tenus en fief : Et ſont tous mariages reputés ſeconds hors le premier ; & les autres heritages tenus en cenſiue, ſe partiſſent également entre leſdits enfans.

AVX ENFANS] *Idem* Chartres , art. 98. reformé à Chaſteau-neuf, art. 122. & que le fût-il en cèlle-cy, & en celle de Chartres ; car ſa diſpoſition eſt abſurde, & fait inégalité entre les enfans. Voyés là.

LES CONQVESTS TENVS EN FIEF] *Quid* des fiefs acquis par le mary, d'vne partie des deniers à luy baillés en mariage, pour eſtre propres de la femme, ſuiuant les conuentions matrimoniales, deuront-ils appartenir aux enfans du ſecond mariage de la femme? Il ſemble qu'ouy, pour ce qu'ils ne ſont propres d'elle pres d'elle qu'à l'égard du mary, & contre luy. I'ay répondu le contraire, *iure communi per l. Cum alijs. C. de secund. nupt. per hanc consuetudinem, & per tacitum pactum, l. tale pactum in fin. D. de pact. vbi dixi in meo Consilio, quò remitto. & in tract. de reuoc. donat. & inoffic. C. M.*

ARTICLE XC.

EN succession de ligne collaterale, comme de frere ou sœur, les freres ou sœurs qui sont conioincts *ex vtroque parente*, excluent ceux qui ne sont conioincts que d'vn costé.

EXCLVENT CEVX.] Chasteau-neuf, article 126. adioute, quant aux meubles & acquests ; mais quant aux heritages propres, le frere vterin, ou d'vn seul costé, pourra succeder ausdits propres, s'ils sont du costé duquel il attaint au deffunct. D'où est tirée la note de du Moulin sur cettui-cy ; *hic §. locum habet in filijs fratrum per interpretationem extensiuam, art.* 196. *sup. eo.* qui est le 93. en ne joignant pas cette Coustume à celle de Chartres, ainsi qu'on la void imprimée au Coustumier General, *vt ibi declaraui ; sed fallit in hæredijs, in quibus non attenditur duplicitas vinculi.* C. M.

La Coustume de Chartres n'a point d'article sur ce droict de double lien, & neantmoins les Chartrains le prattiquent suiuant les deux autres voisines, celle-cy & Chasteau-neuf.

Benjamin estoit frere de Ioseph *ex vtroque parente* ; voyés à propos de cét article, comme au banquet qu'il fit à ses freres en Egypte, il luy donna vne portion cinq fois plus grosse qu'aux autres. Genes. ch. 43.

ARTICLE XCI.

PERE ou mere ne peuuent plus donner ou auantager à succession l'vn de ses enfans plus que l'autre, en quelque maniere que ce soit. Et aussi exhere-

ditation n'a point de lieu, s'il n'y a caufe fuffifante pour
ce faire, qui foit ditte & nommée expreffement.

PERE OV MERE] *Idem* Chartres, art. 99.

Chafteau-neuf, art. 123. adioufte, venans à leur fucceffion,
comme auffi Paris, art. 303.

Les Couftumes qui ont abfolument deffendu d'aduantager, ont
fuiuy le droict de nature ; celles qui l'ont permis, ont penfé
qu'vn pere, ou vne mere, ont quelquesfois raifon d'aimer vn de
leurs enfans plus que l'autre, qu'il pourra eftre vn iour leur ba-
fton de vieilleffe, & qu'ils le confiderent déja comme le fupport
des autres.

fpem Gregis

S'IL N'Y A CAVSE SVFFISANTE QVI SOIT DITE ET
NOMME'E] *Nifi nominatìm ipfas ingratitudinis caufas fuo inferuerint
teftamento, Auth. vt cum dé appell. cognofc.* §. 1. On peut donc abu-
fer de la puiffance paternelle en deux manieres touchées par la
Couftume ; en aduantageant vn des enfans, ou en le desheritant
fans fujet.

ARTICLE XCII.

TOVS Religieux & Religieufes profés, font
forclos & inhabilles de fucceder à quelque fucceffion qui leur peut aduenir, foit directe ou collaterale.
Et le Conuent ou Monaftere où lefdits Religieux &
Religieufes font profés ou demeurans, ne pourront pretendre aucun droict, pour ne au nom & lieu defdits Religieux & Religieufes, ne autrement.

TOVS RELIGIEVX] *Idem* Chafteau-neuf, art. 125. Chartres, art. 101. Voyés là.

SONT FORCLOS] *Hæc fententia vicit reiecto vbique priuile-
gio Cifterfienfium. C. M.* Secus s'ils auoient fait profeffion auant
l'âge requis par l'Ordonnance. Voyés l'article 16. de celle d'Or-
leans, & le 28. de celle de Bloys.

Il n'eſt point de gens plus aſſurés de l'enfer, à mon aduis, &
ſans toutesfois de rien juger, que ces parens qui enferment leurs
filles dans les Cloiſtres , ou pluſtoſt les immolent aux démons,
dés l'âge de huict à dix ans, pour les conſiderations que chacun
ſçait.

O tempora , ô mores.

CHAP. XX.

DE BAIL, GARDE, TVTELLE ET
curatelle d'enfans mineurs.

ARTICLE XCIII.

PAR le trépas de pere, ou mere, les enfans ſont *ſui
iuris*; & hors la puiſſance d'autruy; ſuppoſé qu'ils
euſſent ayeul, ou proayeul; & deffaut la puiſſance que
le pere auoit ſur eux.

PAR LE TREPAS]*Idem* Chaſteau-neuf, art. 113. Chartres,
art. 102. Voyés là.

CHAP. XXI.

AVDIT COMTE BAIL DE
mineurs n'a point de lieu.

ARTICLE XCIV.

SI tels enfans ſont mineurs, & en bas aage, ils doiuent auoir tuteurs & curateurs pour les gouuerner,
& leurs biens, ſi le pere, ou mere, n'en vouloient pren-

dre ou recueillir la garde, gouuernement & adminiſtration, ce qu'ils peuuent faire, ſans congé de Iuſtice.

 Si tels enfans] *Idem* Chaſteau-neuf, art. 134. Chartres, art. 103. Voyés là.

ARTICLE XCV.

SI le pere, ou la mere, qui ont la garde, ſe remarient,
la garde faut.

 Si le pere, ov la mere] *Idem* Chartres, art. 105.
Chaſteau-neuf, art. 136. à ſeulement, ſi la mere, & eſt la moins
raiſonnable des trois Couſtumes en cét endroit, parce, dit-elle,
que la mere reuiét en la puiſſãce de ſon mary ; le mari n'y reuient
pas s'il y a touſiours eſté. Penſer eſtre maiſtre de ſa femme, c'eſt
bien s'en faire à croire. Les beaux-peres ne haïſſent pas ſi toſt
les enfans de leurs femmes, qu'elles ceux de leurs marys ; mais
ils oublient plus-toſt leurs propres enfans qu'elles ; *Nouerca
inimica priuignis, Euripid. in Alceſt.*

ARTICLE XCVI.

DVrant la garde d'enfans mineurs d'ans, n'y a
point de profit de rachat au ſeigneur feodal pour
raiſon d'icelle garde.

 Dvrant la garde] *Idem* Chaſteau-neuf, 138. Chartres, art. 106.

 Ny a point de profit] Contre la dureté des Couſtumes de Chauny. tit. 25. art. 81. & de Perrone, art. 224. & 231.

CHAP. XXII.

AMENDE DE CHAMPARTS
& censiues non payés.

ARTICLE XCVII.

QVI leue ou emporte les fruicts d'vne terre tenuë à champart, au deçeu, & fans le faire fçauoir au Seigneur, fon Procureur ou Commis, il chet en amende de foixante fols, & eft tenu rendre le droict de champart.

QVI LEVE OV EMPORTE] *Idem* Chafteau-neuf, art. 149. Chartres, art. 112, Voyés là.

ARTICLE XCVIII.

ET femblablement qui dépoüille vignes, ou terres renuës en cenfiue, brandonnées pour le cens, & fignifie l'empefchement, il chet en l'amende de foixante fols (s'il ne luy eft permis de leuer) & fi eft tenu de rendre les fruicts.

ET SEMBLABLEMENT] Superfluà caufe du 42. *fup.*

ARTICLE XCIX.

QVand aucun dénie le cens à fon feigneur cenfier, de l'heritage tenu de luy à cens, il chet en l'amende, enuers le feigneur, de foixante fols.

QVAND AVCVN DENIE LE CENS] Particulier en cette Couftume; car il n'eft parlé de dény de cens aux deux autres

& c'eſt quelque choſe de ſemblable au deſadueu, en matiere
feodale.

Il echet en l'amende] A cauſe de ſon irreuerence;
aĉtio depoſiti inficiatione duplicatur, §. ſed furti inſtit. de aĉtion. Or
eſt-il, que le cenſier eſt comme depoſitaire de la choſe à luy bail-
lée à cens par le Seigneur.

Article C.

VN heritage baillé à rente à touſiourſmais, ou à
récouſſe, & l'obligé meurt, on le baille à vn autre, ſoit à la charge de la rente, ou non; le creancier de la
rente pourra procedder par voye d'execution ſur le detempteur dudit heritage, ſi bon luy ſemble.

Vn heritage] La diſpoſition de cét article eſt encor
particuliere en cette Couſtume, & a eu raiſon du Moulin de dire, qu'elle differe *in multis* de celle de Chartres.

Par voye d'execvtion] *Etiàm* ſur les meubles du
detempteur; autrement que pour droiĉts de fief, & de cens.

Article CI.

EN matiere de retraiĉt d'heritage, le retrayant ne
doit aucunes ventes à cauſe dudit retraiĉt, & pourra le plus prochain lignager auoir par retraiĉt l'heritage
vendu, ſi bon luy ſemble.

En matiere] *Idem* Chaſteau-neuf, art. 90. Chartres,
art. 78. Voyés là.

Et povrra le plvs prochain lignager
avoir par retraict l'heritage vendv] *Quæ-*
ritur ſi la Couſtume veut dire par voye de préference, comme
par l'article 76. de Chaſteau-neuf, ou par l'article 68. de
Chartres; où quand meſme il auroit eſté vendu à vn lignager
moins proche, ſuiuant celle de Bourdeaux, titre de retraiĉt
lignager, article 5. où ſi dans l'an & iour vn moins proche l'a-
uoit retiré, qu'vn plus proche le peut retirer de luy, ſuiuant celle

de Poiƈtou, art. 332. Reſp.   Que le texte ſouffre ces trois ſortes d'interpretation ; *ſed vſus rerum magiſter,* auquel je renuoye. Cét article deuoit eſtre mis au Ghapitre 13. plus haut.

ARTICLE CII.

QVand deux conjoinƈts par mariage entre nobles, l'vn d'iceux va de vie à trépas, au ſuruiuant appartiennent les meubles.

QVAND DEVX CONIOINCTS] Cét article eſt clair, & deuoit eſtre ſcitué au Chapitre 10. plus haut, voire compris en l'article 48. mais il ne faut pas deſirer d'ordre en vne Couſtume qui n'a jamais eſté redigée par les trois Eſtats du païs, comme celles de Chartres & Chaſteau neuf ; mais ramaſsée de breuets, ou feuilles trouuées qui çà, qui là, és mains de Pratticiens, ſi mon imagination ne me trompe ;   *folÿs ne carmina manda,*

ARTICLE CIII.

QVand deux conjoinƈts vont de vie à trépas entre nobles, & il demeure enfans mineurs d'iceux, auſquels ſont baillés vn gardien, tel gardien eſt tenu faire inuentaire des meubles pour les rendre. Et pourra joüir des heritages, en nourriſſant & entretenant les mineurs ſelon leur eſtat, & payant les debtes. Et à la fin de la garde, rendre leſdits meubles ſelon les modifications deſſusdites.

QVAND DEVX CONIOINCTS] Qui ne void que cét article deuroit eſtre au Chapitre 20. ou 21. precédens. Voyés les articles 135. de Chaſteau-neuf, & 104. de Chartres explicatifs, & là nos annotations.

FIN.